はじめての人が

投資信託で＼成功する／たった1つの方法

中野晴啓
セゾン投信株式会社
代表取締役社長

アスコム

はじめての人が投資信託で
成功するたった１つの方法。

それは……

「つみたてNISA」で
毎月、コツコツと
「ある条件」を満たした
投資信託を購入すること。

これが、今後20年間は変わらない
たった1つの方法です。

お金の知識がなくても、
資金の余裕がなくても、

この方法で投資信託を買うだけで、
お金の不安はスッキリ解決します！

みなさんもご存じのとおり、
「銀行にお金を預けているだけ」では
お金は増えません。

しかし、銀行や証券会社のいうとおりに
投資信託を買っても、なかなかお金は増えません。

本当に「個人が幸せになる投資方法」とは、
どのようなものなのでしょうか。

本書では、13万人を成功に導いた
「効率よくお金を増やす投資方法」を
お伝えしています。

キーワードは、
「長期・積立・国際分散」！

投資が初めてでも安心してできるので、
ぜひこの方法で、幸せな未来を
手にして下さい！

はじめに

時間をかければ、お金はゆっくり大きく育っていく

みなさん、こんにちは。

セゾン投信代表の、中野晴《はる》啓《ひろ》です。

おそらくみなさんの中には、タイトルを見て、半信半疑でこの本を手に取られた方もいらっしゃるのではないでしょうか。

「うまい話には、必ず裏がある」

「みんなが同じものに投資したら、結局誰かが損をするのでは？」

「投資って、なんだかうさんくさい」


そう思った人も、少なくないでしょう。

たしかに、**今までの日本の状況を考えると、そのような印象を抱かれてしまうのも仕方がないかもしれません。**


「成長する可能性が高い」と確信できる国や企業などに自分のお金を投じ、それらが豊かに育っていくにつれて、自分自身もリターンを受け取る。

「全体のパイを大きくして、より多くの人と分け合う」ため、関わる人みんなが幸せになり、誰も損をしない。


失敗する可能性が限りなく低く、成功の再現性は高いが、利益を手にするまでに、ある程度時間がかかる。

それが、本来あるべき投資の姿だと、私は思います。

ところが、世の中では、株価や通貨の短期的な値上がり益を狙って、一日に何度も売買を繰り返すデイトレードやＦＸまでもが「投資」とよばれています。

デイトレードで短期的に動く「次の瞬間にどうなるかわからない」お金は、企業が成長する資金とはなりえませんし、ＦＸでやりとりされる通貨（お金）はものを買うための道具にすぎず、それ自体にはなんの価値もなく、成長もしません。

デイトレードもＦＸも、短期間で大きな利益を得られる可能性はありますが、失敗する可能性も高く、運や偶然に左右されやすいため成功の再現性は低く、限られたパイをみんなで取り合うため、誰かが利益を得れば、誰かが損をします。

私からすれば、**ただの「ギャンブル」や「投機《とうき》」にすぎない**のですが、これらが投資だと思われているために、投資に対してネガティブなイメージを持ったり、投資を怖がったりしている人はたくさんいます。

また、ある程度長期的に保有するつもりで株を買ったけれども、株価の暴落《ぼうらく》などによって損をしてしまったため、「二度と投資はやりたくない」という方も、よくいらっしゃいます。

しかし話を聞いてみると、**「投資対象を分散していなかった」「成長する見込みのない企業の株を買っていた」**など、そこにはたいてい**「失敗する」理由が存在します。**

「投資とは何か」をきちんと理解しないまま、投資にネガティブなイメージを抱いてしまうのは、大変もったいないことです。

マイナス金利時代の今、**銀行に預けていてもお金は増えてくれません**が、きちんとした**商品に「正しく」投資をすれば、お金が勝手に働き**（投資した先が豊かになり）、**どんどん増えていってくれる**からです。

どんな人でも、「投資に成功する」時代がやってきた

2018年1月、ついに「つみたてNISA」がスタートします。

つみたてNISAは、「専用の口座で、積み立てで投資信託（ファンド）を買うと、それによって得られた**利益には20年間、税金がかからない**」という制度です。

1年間に利用できる上限額は40万円ですが、上限枠いっぱいまで20年間積み立てていくと、最終的には800万円分の投資信託を買うことになります。

仮に、毎月33000円ずつ投資信託を積み立てで購入し、3％の利回りで運用し続けたとすると、**20年後に得られる利益は300万円前後。**

通常なら約20％（約60万円）の税金がかかりますが、それが全額免除されるわけです。

まだまだ知名度が高いとはいえない、この制度。

みなさんの中にも、ご存じない方はたくさんいらっしゃるでしょう。

しかし、つみたてNISAは、**日本の投資信託の状況を一変させるほど素晴らしい制度**です。

今後20年間、はじめての人が投資をするなら、「つみたてＮＩＳＡ」を利用した方がいいと断言できます。

これほど素晴らしい制度を使わずに、ただお金を銀行に眠らせておくのは、本当にもったいないことです。

私は、投資に失敗しないためには、

●長期（時間をかけて資産を育てることができる）
●積立（まとまった資金がなくても気軽に始められ、投資のタイミングを分散できる）
●国際分散（世界中の企業に投資することで、リスクを分散できる）

の3つが重要だと考えているのですが、つみたてＮＩＳＡはまさに、この3原則を踏まえてつくられており、投資家にとっては「失敗する」可能性が限りなく低く、「成功し、効率よく資産を形成できる可能性が限りなく高い」制度であるといえます。

買った人が損をしていた、今までの投資信託

つみたてＮＩＳＡの特徴は、投資対象を**「金融庁《きんゆうちょう》が認めた投資信託のみ」**、**投資方法を「積み立てによる購入のみ」**としている点にあります。

投資信託は本来、投資初心者や「まとまった資金がない」という人にぴったりの商品です。

投資信託は「たくさんの投資家が少しずつお金を出しあい、それらがまとまってできた大きなお金を『ファンドマネジャー』と呼ばれる投資のプロが運用し、その結果生じた収益を、投資家に分配する」という仕組みです。

積み立てならば、月々数千円程度で購入できるものがたくさんあり、ファンドマネジャーは基本的には、集めた資金をさまざまな資産に分散投資します。

つまり投資信託であれば、**少ない資金で誰でも手軽に分散投資をすることができる**のです。

投資の先進国であるアメリカでは、**投資信託は「市民が資産を形成する手段」**として揺るがぬ地位を築いています。

ところが**日本では、投資信託に対し、「危ない」「損をしそう」「だまされそう」**といった、ネガティブなイメージを抱いている人が少なくありません。

実際、日本の過去の投資信託の中には、ひどい商品がたくさんありました。

というより、資産形成に適した「良質の投資信託」など、ほとんどありませんでした。

なぜなら、**証券会社や銀行などの販売金融機関が、投資信託を「手数料稼ぎの道具」「自分たちが儲《もう》かるための道具」**としか考えてこなかったからです。

そのため、開発されるのは、「新興国ファンド」「ＩＴファンド」など、話題性があって売れそうな（購入時手数料が稼げそうな）商品ばかり。

しかし、新興国にしろＩＴ企業にしろ、一時的に急成長しても、長期にわたってその伸びを維持し続けるのは困難であり、また同じような地域、同じような業種に偏って投資をしていれば、どうしても同じような値動きになってしまいます。

さらに、販売会社の営業マンは、やはり購入時手数料を稼ぐため、次々に新しい商品をすすめ、投資家に買い替えを促します。

このように、「長期運用」も「分散投資」もできない状態では、投資家が資産形成に成功するはずがありません。

「投資信託」という、生活者が投資によって資産形成するのにもっともふさわしいはずの金融商品が、きちんと本来の役割を果たせていない。

こうした現状を憂《うれ》い、金融庁は、つみたてＮＩＳＡで購入できる投資信託を選ぶ際に、**「購入時手数料がゼロであること」「信託設定期間が20年以上であること」**とい っ**た条件を課しました。**

その結果、つみたてＮＩＳＡの運用商品として対象となったのは、「指定インデックス投信」で１１０本、より厳しい条件を課された「アクティブ運用型投信等」に至っては、**既存の３０００本以上のうち、わずか15本となりました**（２０１７年11月29日時点）。

つまりこれらは、金融庁が認めた、**信頼性の高い商品**であるといえます。

そしてその中には、セゾン投信の**「セゾン・バンガード・グローバルバランスファンド」「セゾン資産形成の達人ファンド」**も含まれています。

長期投資に「ゴール」はない

私は１９８７年にクレディセゾンに入社し、セゾングループ内の金融子会社に配属されて以来、ずっと投資・資産運用の仕事に携わってきました。

入社当時はちょうどバブル景気の真っ最中で、何をしても儲かる時代。
その中で私も「株式投資は、簡単に大きく儲けることのできるものである」と思い込み、自分でも株式投資に手を出したのですが、1987年10月の「ブラックマンデー」（ニューヨーク証券取引所での株式の大暴落）で痛い目に遭い、**以後、個人的に株式投資をしたことはありません。**

そんな私が、「経済を長期でとらえて投資をする」大切さを学んだのは、仕事で、債券運用を専門に行うようになってからです。
やがて私は、短期での成果を求められる機関《きかん》投資家（企業）の資産運用よりも、「個人投資家の資産を長期運用すること」に興味を持つようになり、それにもっとも適した金融商品である「投資信託」を扱う仕事をしたいと考えるようになりました。

ところが、詳しい経緯《けいい》については省きますが、日本で新たに**「投資信託の長期運用」**を目的としたビジネスを始めるのは、非常に困難でした。

苦労してつくった投資信託が、販売会社の手数料が加わって高コストになってしまったり、販売会社の営業マンが、お客さまに新しい投資信託への買い替えを促したために解約が相次ぎ、まともな運用ができなくなってしまったりしたこともありました。

2年がかりで、所属していたセゾングループの投資顧問会社を投資信託委託《いたく》会社に衣替えするプランを実行したものの、「投資信託委託会社ではなく証券会社として、既存《きぞん》の売れ筋ファンドを販売したい」という**当時の代表と考えが合わず**、別の会社に左遷《させん》されたこともあります。

それでも、「長期運用できる投資信託を開発して、世の中の人に『**本物の投資**』**を知っていただきたい**」「日々を懸命《けんめい》に生きている生活者のみなさんの資産づくりのお手伝いをするとともに、**世の中のお金の流れを変えたい**」という思いが消えることはなく、「セゾングループで投資信託委託会社を」と訴え続け、２００６年6月、ついにセゾン投信を設立、２００７年3月に営業をスタートしました。

セゾン投信で扱っている投資信託は、「長期運用できること」「世界中に分散投資できること」を重視してつくった「セゾン・バンガード・グローバルバランスファンド」「セゾン資産形成の達人ファンド」の２本のみ。

また、**できるだけコストをおさえ、**お客さまに**安心して投資に取り組んで**いただけるよう、**販売会社を通さず、直に販売するシステム**をとっています。

おかげさまで、当初８億円だった預かり資産の総額は、２０１７年10月には２０００億円を超え、口座数も約13万口座となり、お客さまからも**「安心・信頼して投資ができる」**との声を、たくさんいただいています。

２０１４年10月には、セゾン投信の理念をご理解いただき、**日本郵便との資本提携《ていけい》**も実現しました。

なおセゾン投信では、もともと金融機関の社員だった方が、たくさん働いています。

みなさんが入社の際に口にされていたのは、「自信を持って商品を売りたい」ということでした。

たとえば、ある女性社員は、かつて銀行の支店で窓口業務をしていました。その銀行では投資信託の販売ノルマが課されており、彼女も、業務を通して親しくなったご高齢のお客さまに、あまりお客さまにとって有利ではない毎月分配型の商品や、コストが高くつく商品、将来性の見込めない商品などをすすめなければなりませんでした。

それが、とてもつらかったそうです。

しかし今、彼女は非常に生き生きと働いてくれています。

「長期運用によって、お客さまに安心して資産をつくっていただける、良質な投資信託を販売すること」。

それは、お客さまの、そして世の中の役に立つことであり、同時に私たちをも幸せにしてくれることであると、私は思っています。

この本では、「つみたてＮＩＳＡを利用し、節税しながら、厳選《げんせん》された長期運用向きの投資信託を積み立てで購入し、資産をつくる」方法をご紹介しています。

それこそが**今後20年、もっとも効率よく資産をつくる方法**だと思われるからです。

そして、できればみなさんには、20年を過ぎた後も、投資信託の運用を続けていただきたいと考えています。

そのつど必要な分だけ解約して現金化し、残りを運用し続ければ、お金が勝手に働き、資産はどんどん増えていくからです。

「正しい」やり方で「正しい」商品を買い、「期限」というゴールを決めなければ、投資に失敗することはない。

私はそう信じています。

みなさんが、安心して楽しく投資に取り組み、成功されることを、心から祈っています。

中野晴啓

目次

Part 1

始めた人から成功する！
きちんとお金が増える投資信託のすすめ

Part 4

「正しい投資信託」でこんなに資産をつくった！ 体験談

Part 5

世の中の投資の9割は間違っている

Part 6

「豊かな老後」を、投資信託でつくる

Part 1

始めた人から成功する！
きちんとお金が増える
投資信託のすすめ

投資をしない人は、
これからどんどん
「損」をする

はじめに、おうかがいします。

みなさんは、投資に興味がありますか？

おそらく、この本を手に取られた方のほとんどは、「はい」と答えるでしょう。

では、続いての質問です。

みなさんは、今まで投資をしたことがありますか？

この問いに対する答えはさまざまでしょう。

「すでに投資を始めており、もっといい投資方法を知りたい」という人もいれば、「一度投資に失敗して以来、怖くて手を出せない」という人もいるはずです。

また一方で、

「手元に少しでも現金がある方が安心できる」
「投資に対して、なんとなく恐怖心がある」
「投資方法や金融商品が多すぎて、何に投資したらいいかわからない」

といった理由から、

「投資に興味があり、情報を集めたものの、さんざん迷ったり悩んだりした挙句、結局、銀行にお金を預けっぱなしにしている」

そんな人も、少なくないのではないでしょうか。

実際、日本人の「預金好き」は、先進国の中でも群を抜いています。
日本銀行調査統計局が2017年8月に発表した「資金循環《じゅんかん》の日米欧比較」によると、家計における金融資産の構成は、

●現金・預金：日本…約52％、米国…約13％、欧州…約33％
●投資信託・債務証券・株式等：日本…約17％、米国…約52％、欧州…約31％

であり、日本の現金・預金の割合が圧倒的に高く、投資信託や債務証券、株式等の割合が低いことがわかります。

こうした、日本人の預金好きは、戦後の政策によって生まれたものです。

戦争によって荒廃した日本を立て直すためには、金融機関に国民のお金を集めて企業に貸し出し、産業を活性化させるのが、もっとも効率的でした。

そこで政府は、「預金は安全である」「預金はいいことである」という価値観を人々の間に浸透させたのです。

実際、国民の預金に支えられて日本は高度経済成長を遂げ、預金者へのリターン（利息）も多く、人々は金融機関にお金を預けているだけで、資産を増やすことができました。

おそらくみなさんも、**子どものころ、お年玉をもらった際などに、親から「ムダ遣いせず、貯金しておきなさい」と言われたことがあるのではないか**と思います。「預金はいいことである」という価値観は、このようにして、知らず知らずのうちに日本人の中に刷り込まれ、今も息づいているのです。

ただ、多くの人はあまり意識していないかもしれませんが、預金というのも、実は運用の一種です。

金融機関は、預金者から集めたお金を企業に貸し出しています。

つまり**預金者は、金融機関を通して、間接的に企業に投融資している**のであり、株や債券などを買った人が配当や利息を得るのと同様、**「金融機関にお金を預ける」ことによって、利息を得ている**わけです。

しかし、**残念ながら預金は、今やもっとも効率が悪い運用方法の一つ**であるといえます。

まず、リターンの低さ。

2017年11月時点のメガバンクの定期預金の利率を見ると、預入金額や預入期間に関わらず、すべて0・010%です。

たとえ1000万円を定期預金で運用したとしても、金利水準が変わらなければ、利息は10年間で、たった1万円しかつかないのです。

しかもそこに約20%の税金がかかり、手元に残る利益は約8000円。

預金を引き出す際などに手数料をとられることを考えると、もしかしたら、家に現金をそのまま置いておく「タンス預金」の方が、まだマシだといえるかもしれません。

さらに預金は、決して「安全」ではありません。

日本では1971年に「預金保険法」が制定され、「ペイオフ」が導入されました。

ペイオフとは、「銀行が経営破たんした場合、預金保険機構に積み立てた保険金から、預金者に一定額の払い戻しを保証する」という制度です。

バブル崩壊後に金融不安が深まると、取り付け騒ぎなどが起こるのを防ぐため、ペイオフの適用は1996年にいったん凍結され、「国が預金の全額払い戻しを保証する」こととなりましたが、2005年には全面解禁されました。

万が一銀行が破たんしても、保護されるのは、一人につき、元本《がんぽん》1000万円とその利息分までに限定されるのです。

また、**預金には「インフレに弱い」**というデメリットもあります。

インフレとは、物やサービスの価格が上昇していくことです（逆に、物やサービスの価格が下がっていくことを「デフレ」といいます）。

インフレが起こると、たとえば昨日まで100円で買えていたものが、120円出さなければ買えなくなるため、**相対的に、お金の価値が下がります。**

その結果、預金の資産価値も目減りしてしまうのです。

そして政府は、20年続いたデフレ状態から完全に脱却し、景気を回復させるため、今後インフレへの転換に全力を傾けるはずです。

もちろん、物価の上昇に合わせて預金の利率が上がれば問題はありません。

しかしここ数年、政府がインフレ誘導を行っているにもかかわらず、預金の利率が低い状況が続いているため、本格的なインフレが起こっても、しばらくは預金の資産価値が目減りする状態が続くのではないかと思われます。

一方、インフレによって企業の業績が上がれば、株価も上がるため、株式への投資は、インフレには強いと考えられています。

預金利率が低い今の時代、積極的な投資を行わず、**預金という「消極的な運用手段」だけにこだわる人は、どんどん損をしてしまう**ことになります。

POINT!

預金は非常に利率が低く、もはや安全な運用手段でもない。預金ばかりにこだわる人は、これからどんどん損をする。

正しい投資は、
預金よりも楽しく、
怖くない

「投資は危険なものである」
「運が良ければ儲けることができるが、たいていは損をする」

投資に対し、こうしたイメージを持っている人は、少なくありません。
その中には、今まで一度も投資したことがなく、単に他人の失敗談を見聞きして、漠然とした恐怖心を感じている人もいれば、過去に投資で失敗したことがあり、懲りてしまった、という人もいるでしょう。

しかしいずれにせよ、**投資を怖がり、投資に対して尻込みしてしまうのは、非常にもったいないこと**です。
やり方や買う商品を間違えなければ、**投資は預金よりも効率よく、そして楽しく資産を増やすことができる**からです。

まず、投資に対して恐怖心を抱いている人はたいてい、「投資」と「投機」とを混同しています。

投機とは、「短期的な値動きを利用し、商品を安く買い高く売って利益を得ること」です。

為替《かわせ》レートの変動を利用して利益を得るＦＸ（外国為替証拠金取引）や、短いスパンで株の売買を繰り返すデイトレードなどは、投機にあたります。

うまくいけば、投機は短期間に多くの利益をもたらしてくれます。

ただ投機は、限られたパイを奪《うば》い合うだけの「ゼロサムゲーム」であり、誰かが得をすれば、必ず誰かが損をします。

たとえ一時的に勝ったとしても、勝ち続けることはきわめて困難なのです。

一方で投資とは、生産手段や生産活動に対してお金（資本）を出すことです。

投資家が企業の株などを買う（お金を出す）と、企業はそのお金を使って事業を行い、そこから得られた収益を配当という形で投資家に還元《かんげん》します。
また、収益が上がれば、基本的には株式の価値も上がるため、その企業の株を持っている投資家の資産も増えることとなります。

投資は本来、自分のためではなく、世の中のために行うものです。

世の中にお金を投じることで、経済を成長させ、その結果、投じたお金が成長して自分の元に戻ってくるわけです。

これが実現するためには長い時間が必要ですが、こうした投資はパイ自体を広げていく「プラスサム」な行為であり、投機と違って、パイの奪い合いにはなりません。

そして、もちろんリスク（不確実性）はゼロではありませんが、やり方や買う商品さえ間違えなければ、大きな損をする可能性は、合理的に低くできます。

参加した人が全員幸せになる。

それが、正しい投資のあり方なのです。

また、現在の利率では、どんなに多くのお金をどんなに長く預けても、預金によって得られる利息はごくわずかです。

しかし、あとで詳しくお話しするように、投資には複利《ふくり》効果もあり、基本的には長く続ければ続けるほど、大きな利益をもたらす可能性が高まります。

一生懸命に節約をし、コツコツとお金を貯めても、利息がつかなければ、なかなかモチベーションが上がらず、空しくなってしまうこともあるでしょう。

でも、自分のお金が社会の役に立ち、しかも、目に見えて自分の資産が増えていけば、**「ムダ遣《づか》いをやめて、投資に回すお金を増やそう」という気持ちになったり、将来が楽しみになったりする**はずです。

さらに、投資を始めると、興味や知識の幅も広がります。

自分が投資した国の経済動向や企業の業績は、どうしても気になるものです。

セゾン投信のお客さまの中にも、「実際に金融商品を買ってみると、経済や社会の動きに敏感《びんかん》になり、今までまったく興味のなかった経済ニュースなどを真剣に観るようになった」という方はたくさんいらっしゃいます。

「何事にも慎重で消極的だった自分が、投資を始めてからは、積極的に情報を集めたり、株や投資信託を買い増ししたりするようになった」といった具合に、新たな自分を発見することもあるでしょう。

このように、**正しい投資は、決して怖いものではありません。**

それどころか、きっとみなさんに、さまざまな楽しみや喜びを与えてくれるはずです。

POINT!

投資と、デイトレードやFXなどの投機を混同してはいけない。
正しい投資は人や企業を豊かにし、関わった人間すべてを幸せにする。

「自分は投資に向いていない」と思っている人ほど、投資では成功しやすい

投資に対して消極的な人からよく聞くのが、
「私は臆病《おくびょう》だから、投資には向いていない」
「私は面倒くさがりでマメじゃないから、投資には向いていない」
といった言葉です。

しかし、**「私は投資に向いていない」と思っている人は、実はとても投資で成功しやすい**といえます。

すでにお話ししたように、投資と投機はまったく異なります。

常に株価や為替の動きをチェックし、買いどきや売りどきを瞬時に判断しなければならない株のデイトレードやFXなどと違い、この本で私がおすすめする方法なら、一度買う商品を決め、手続きをしたら、基本的にはほったらかしていただいて大丈夫です。

もちろん、気が向いたとき、時間のあるときに、資産状況の確認や、買い増しをするかどうかの検討をした方がよいかもしれませんが、常に値動きをチェックしたり、とっさに大きな判断を下したりする必要はまったくありません。

逆に大胆な人は、注意が必要です。

「自分は臆病だ」と思っている人は、投機や、ハイリスク・ハイリターンな商品には手を出しません。

ところが**大胆な人の場合、**そうしたものに興味をひかれやすく、短期間に大きな利益を得ることもあるものの、**大きな損をしてしまう**こともあるのです。

また、マメな人が投資をするときにも、意外と注意が必要です。

マメな人は、どうしても自分が買った商品の値動きや市場の動向が気になってしまい、頻繁にチェックしがちです。

そして、**ちょっと価格が上下しただけで一喜《いっき》一憂《いちゆう》し、投資に疲れてしまったり**、「なかなか利益が上がらない」「ほかにもっと利回りのいい商品があるかもしれない」と、

せっかく買った商品をすぐに手放してしまったりすることがあるからです。

しかし投資というのは、本来、何十年という長いスパンで取り組むべきものです。アメリカの老舗《しにせ》の投資信託委託会社のデータによると、投資でもっとも成功していたのは、

●投資信託を買った人が、買ったことを忘れてそのまま放置している
●投資信託を買った人が亡くなってしまい、そのまま放置されている

の2つのケースだったそうです。

もちろん、長期運用にふさわしい投資信託を買ったかどうかにもよりますが、基本的には、手をつけずに長い期間ほったらかしておけばほったらかしておくほど、投資は成功しやすいといえるのです。

なお、いまだに「投資はギャンブルのようなもの」というイメージが強いせいか、「投資は男性がやるもの」「男性の方が投資に向いている」と思っている人は、少なくありません。

「投資をしている」と明言したり、投資家を名乗ったりする女性の数は、男性に比べ、まだまだ少ないような気がします。

ところが、**セゾン投信の女性のお客さまは、みなさん、着実に資産を増やし**ていらっしゃいます。

女性のお客さまは、よく「私は、投資には詳しくないんです」とおっしゃる**のですが、投資方法や商品の内容に納得したうえで投資を始めると、きちんと継続して積み立てていかれる方が多い**のです。

一方で、男性のお客さまの中には、「本当にこの方法、この商品で正しいのだろうか」と、ほかのやり方を試したくなってしまったり、「投資についてはそれなりに勉強しているし、損をするはずがない」と思ってしまったりする方もいらっしゃいます。

その結果、ついつい投機的な方法や、リスクが高く、あまりおすすめできない商品などに手を出し、せっかくおすすめした方法で**利益を出していたのに、結局損をしてしまう**……というケースが、少なからずあるのです。


私は、「投資に向いていない人」などいないと思っています。

特にこの本でおすすめする方法なら、誰にでも簡単に始められ、続けることができるはずです。

今まで「自分は投資に向いていない」と思い込んでいた人こそ、ぜひ試してみてください。


POINT!


投資に向いていない人などいない。

慎重さ、自信のなさなどが、投資においてはプラスに働くこともある。

投資を始めるのに「早すぎる」ことも「遅すぎる」こともない

私はよく、投資に関する相談を受けるのですが、「収入が少なく、投資に回せるお金がない」「ろくに貯金もないのに、投資を始めるのは早すぎるのではないか」といった悩みを抱えている若い人は、少なくありません。

そのような方に対し、私は必ず、

「投資を始めるのに、早すぎることはありません」
「どんなに少ない額でもいいですから、若い人こそ、ぜひ投資をしてください」

とお話しするようにしています。

「時間」は、投資を成功に導いてくれる、非常に心強い味方です。

早く投資を始めれば始めるほど、運用する期間が長ければ長いほど、無理なく資産を増やすことができ、失敗する可能性を減らしていけるからです。

そして、「時間」がもたらすメリットを十分に享受できるのは、若い人だけの特権なのです。

しかも少子高齢化《しょうしこうれいか》により、今の若い人は、上の世代に比べ、将来受け取れる公的年金がどうしても少なくなってしまいます。

老後を不自由なく暮らしたいと思ったら、早いうちから、どのようにして資産を形成するかを、しっかりと考えておく必要があるのです。

たしかに、若い人の多くは、親の世代に比べて収入が少なく、まとまった額を投資に回すのは難しいかもしれませんが、**投資信託なら、毎月少しずつ積み立てで買っていくことができます。**

たとえば、セゾン投信で扱っている投資信託であれば、月々5000円から買えますし、他社の商品の中には、月々500円や1000円で買えるものもあります。

また、あとで詳しくお話ししますが、積み立て投資には「買うタイミングを考えなくてもいい」というメリットもあります。

「お金が余ったら、投資をしよう」などと考えていたら、いつまでも投資を始めることはできません。

もちろん、無理のない範囲でかまいませんので、給与天引きや銀行引き落としによって、毎月一定の額が投資に回るよう設定し、その分のお金は初めからないものと考えて、やりくりするようにしてみてください。

投資に慣れ、楽しさや面白さがわかれば、きっと「ムダを減らし、投資に回すお金を増やそう」と思うようになるはずです。

ところで、このようなお話をすると、**今度は50代以上の方が「自分たちは残り時間が少ない」「今さら投資を始めても、ムダなのではないか」とおっしゃることがあります。**

そのような方に対しても、私は必ず、

「投資を始めるのに、遅すぎることもありません」

と答えるようにしています。

多くの人はなぜか、定年を迎えたり、公的年金の支給が開始されたりする**60〜65歳を「資産形成のゴール」に設定し、「その年齢までに、老後の資金を全部つくっておかなければ」と考えがち**です。

それまでまったく資産形成をしてこなかった人が、いきなり50歳から投資を始め、10年や15年で、その後の人生のために十分な資金をつくろうと思ったら、かなり無理をしなければならないでしょう。

しかし、もし50歳の方が、自分の生涯を通じて投資を継続したらどうでしょう。

たとえば、50歳から65歳まで毎月10万円ずつ積み立て投資をし、年平均の運用期待利回りが3％だとすると、**15年間に2275万44円の資産**をつくることができます。

その後、そこから毎月15万円ずつ引き出して生活費に充《あ》て、残りをやはり年平均3％で運用すれば、15年11か月間は残高を維持《いじ》することができます。引き出す額を減らしたり、もう少し運用利回りがよくなったりすれば、それだけ長く、お金をもたせることができるのです。

運用をやめない限り、資産は増え続けますし、自分自身がこの世を去った後は、その資産を家族に引き継がせたり、寄付し、社会のために役立てたりすることができます。

資産運用にゴールはなく、ゴールを設定する必要もないのです。

POINT!

投資を早く始めれば、それだけ大きな資産をつくることができ、ゴールを決めずに運用を続ければ、さらに資産は増えていく。

証券口座を開き、
投資信託を買う。
それが、あなたが投資で
成功する第一歩

いかがでしょう。

投資に対してみなさんが抱いていた不安や疑問は、払拭されたでしょうか。

もし、少しでも興味がわいてきたなら、ぜひ投資を始めてみてください。

実際にやってみると、**「なんだ、こんなに簡単だったのか」「もっと早く始めておけばよかった」**と、きっと思うはずです。

今の時代、投資はとても手軽にスタートできます。

たとえばネット証券なら、パソコンやスマートフォンで簡単に口座開設の申し込みをすることができ、「手数料が安い」「月々数千円ずつの積み立てで買える投資信託がたくさんある」といったメリットもあります。

証券会社を決めたら、その会社のサイトにアクセスして、「口座開設申込」のページを開き、名前や生年月日、住所などを入力して、送信するだけ。

後日、証券会社から、ＩＤやパスワードなどの情報が記載された書類が届いたら、その情報を使って再びログインし、手順に従って、本人確認書類の提出、マイナンバーの登録などを行ないます。

手続きが無事完了すれば、ホームページから、取引を行えるようになります。

さて、つみたてＮＩＳＡで**どの投資信託をどのように買うか、具体的なことはPart2でお伝えする**として、ここではまず、「投資信託とは何か」について、簡単にお話ししておきましょう。

「はじめに」でも触れましたが、投資信託は、「投資家から集めたお金を、『ファンドマネジャー』と呼ばれる投資のプロが運用し、その結果生じた収益を、投資家に分配する」というものです。

投資信託にはさまざまな魅力がありますが、「手ごろな資金で買える」「分散投資ができる」というのも、その一つです。

「投資」というと、多くの人は、個別株の売買をイメージするかもしれません。しかし個別株を買うには、ある程度まとまった資金が必要です。

個別株の場合、銘柄《めいがら》ごとに最低取引株数（単元株）が決まっており、たとえば1株の価格が1000円、単元株数100株の銘柄を買おうと思ったら、最低購入金額は10万円となります。

もし単元株数が1000株なら、100万円用意しなければなりません。

あとで詳しくお話しするように、**投資で成功するためには、投資先をできるだけ分散させ、リスクを分散させることが不可欠**ですが、個別株で分散投資を行おうとすると、かなりの資金を準備する必要があります。

その点、投資信託は、「大勢の投資家が少しずつお金を出し合って大きな資金をつくり、投資する」仕組みになっており、たいていの場合、ファンドマネジャーは、複数の国や企業に投資し、投資信託全体では大きな損失が生じないようにしています。

そのため、個人で個別株に投資する場合に比べ、はるかに少ない資金で、分散投資を行うことができるのです。

また、個別株と違って、**積み立てで少しずつ買い増ししていくことができるのも、投資信託の大きな魅力**です。

なお、従来《じゅうらい》日本では、投資信託委託会社は商品の開発・運用を行い、販売については証券会社や銀行などの「販売会社」が行ってきました。

ところが、**1992年4月に投資信託委託会社による投資信託の直接販売が認められ**、以後、**さわかみ投信、ありがとう投信、セゾン投信、レオス・キャピタルワークス**など、証券会社や銀行を親会社にもたない**「独立系の投資信託委託会社」**があらわれるようになりました。

投資信託の多くは、一般の証券会社や銀行で買えますが、自社で運用する投資信託を直接投資家に販売している、**独立系の投資信託委託会社の商品を買うためには、その会社の証券口座を開設する必要があります。**

POINT!

有名な大手銀行、証券会社がよいとは限らない。
つみたてNISAなら、独立系の投資信託委託会社に大注目!

Part 2

「つみたてNISA」こそ、今後20年間、投資で成功する最適の方法

つみたてNISAなら、初心者でも安心して投資を始められる

「つみたてＮＩＳＡ（積立ＮＩＳＡ）」とは、２０１８年1月からスタートする新たな少額投資非課税《ひかぜい》制度です。

ご存じの方もいらっしゃるかもしれませんが、日本では２０１４年６月に「ＮＩＳＡ」が始まりました。

これは、投資によって得られた利益（値上がり益、配当金、分配金など）が非課税になるというものでしたが、「非課税期間が5年」と中途半端なうえに、個別株投資での「一発勝負」のために使われるなど、制度の趣旨にそぐわない利用のされ方も目立ち、さまざまな課題を残しました。

その反省を踏まえ、新たにつくられたのが、つみたてNISAです。

NISAとつみたてNISAは併用できず、どちらかを選ぶ必要がありますが、私はつみたてＮＩＳＡの利用をおすすめします。

つみたてNISAの方が、はるかにメリットが大きいと思われるからです。

「はじめに」でも触れましたが、ここでもう一度、つみたてＮＩＳＡの特徴を整理しておきましょう。

- 非課税期間は最長20年間
- 非課税投資枠は年間40万円、最大８００万円まで
- 一定の条件を満たす投資信託の積立買付限定

従来のＮＩＳＡよりも非課税期間が長く、非課税投資枠の総額が大きくなっていますが、**「投資信託の積み立て投資だけを対象とした制度である」**というのも、つみたてＮＩＳＡの大きなポイントです。

ではなぜ、数ある投資方法の中で「投資信託の積み立て投資」だけが優遇《ゆうぐう》されているのかというと、それが多くの人にとって、実践《じっせん》しやすい投資方法の一つだからです。

まず、**積み立て投資の最大の長所は「誰にでもできる」**点にあります。

投資は決して、まとまったお金がある人や、お金持ちのためのものではありません。

たしかに、「1株1000円、1000株単位でしか買えない個別株を何銘柄も買う」となると、かなりの資金が必要ですが、投資信託の積み立てなら、月々数千円で始められます。

どんなに「お金がない」という方でも、たとえば月に1回、飲み会への参加を我慢すれば、積み立てに回すお金を捻出できるのではないでしょうか。

将来に向けて資産形成が必要なのは、むしろ、「あまりお金がない」という人、まとまったお金を持っていない人です。

積み立て投資は、そんな人たちにとって、必ず力強い味方になるはずです。

もう一つ、積み立て投資のメリットとしては、「買うタイミングを気にする必要がない」ことが挙げられます。

投資信託の基準価額《きじゅんかがく》は、日々変動しています。

明日、上がるのか下がるのか、正確に見極めるのは、プロでも困難です。

ましてや、投資をしたことがない人、投資を始めて間もない人であれば、「いつ、どのタイミングで買ったらいいのかわからない」と迷ってしまうはずです。

たとえばみなさんが、まとまったお金を用意して、ある程度の額の投資信託を一度で買ったとします。

翌日、その投資信託の基準価額が下がったら、どう思うでしょう。

おそらく「あと一日待てばよかった」「なんてツイていないんだろう」と嘆き、悲しい気持ちになるはずです。

場合によっては、「これ以上下がる前に、さっさと解約してしまおう」と考えるかもしれません。

では逆に、基準価額が上がったらどうでしょう。

もちろん、嬉しい気持ちにはなるとは思いますが、「この値上がりはいつまで続くかわからない」「今のうちに売却して、利益を確定させよう」と考える人もいるのではないでしょうか。

そのようなことを繰り返していては、長期投資家にはなれません。一時的な利益は得られても、資産を大きく育てることはできないのです。

しかし積み立て投資であれば、基準価額の上下に一喜一憂する必要がなくなります。

まず、積み立ての場合、一回あたりの投資額はさほど多くなく、投資の機会は毎月訪れます。

たとえ、買付日の翌日に商品の基準価額が下がったとしても、額が大きくないだけにショックも少ないでしょうし、翌月はもしかしたら、買付日の翌日に基準価額が上がるかもしれません。

そもそも、積み立て投資を行う人にとって、値動きをチェックすることは、ほとんどムダではないでしょうか。

一度にまとまった額の投資をした場合、どうしても「そのときより基準価額が上がったか下がったか」が気になってしまいますが、毎月定期的に投資をしていれば、「先月の買付日の基準価額はどうだったか」「その前の月の買付日の基準価額はどうだったか」などと、いちいち気にすること自体、不毛だからです。

何より、**「毎月、決まった日に、あらかじめ決まった額で買えるだけの商品を買う」**というやり方だと、商品の基準価額が上がっても下がっても、嬉しい気持ちになることができます。

基準価額が下がっていれば、同じ金額で、より多くの商品を買うことができますし、基準価額が上がっていれば、自分が持っている商品の資産価値が上がったということになるからです。

このように、積み立て投資には、数多くのメリットがあります。

まとまったお金がなくても、誰にでもすぐに始められ、「一番高いときに買ってしまう」「一番安いときに買いそびれてしまう」といった失敗もありません。

相場の上がり下がりによって動揺することもなく、ゆったりと長期投資を続けることができます。

そして、つみたてNISAなら、積み立て投資で得た利益が非課税になるわけです。

だからこそ、みなさんが資産をつくるうえで、つみたてNISAを利用しない手はないのです。

POINT!

投資信託の積み立て投資なら、誰でも気軽に投資ができる。しかもつみたてNISAを使えば、利益が非課税になる。

これを選ぶべき！
買った人が本当に
トクをする投資信託

つみたてＮＩＳＡで運用できる投資信託は、２０１７年11月29日時点で、１２５本もあります。

しかも、「インデックスファンド」「アクティブファンド」「株式だけに投資するもの」「株式と債券に投資するもの」など、種類もさまざまです。

「これだけ数や種類があると、何を選んだらいいのかわからない」

そう思った方もいらっしゃるのではないでしょうか。

しかし私は、つみたてＮＩＳＡでは、以下の商品に注目するべきだと思っています。

それは、

「厳しい条件をクリアした、信頼性が高いアクティブファンド」

です。

つみたてＮＩＳＡで買える投資信託は、大きく次の２つに分けることができます。

●インデックスファンド
●アクティブファンド

インデックスファンドとは、「ベンチマーク（市場平均）の動きと連動するような運用を目指した投資信託」のことです。

これだけではちょっと難しいので、もう少し簡単に説明しましょう。

たとえば、日本の代表的なベンチマークの一つに「日経平均株価」があります。日経平均株価は、東京証券取引所第一部上場企業の株式のうち、日本経済新聞社が選んだ２２５銘柄の株価の平均値をとったものです。

そして、日経平均株価をベンチマークとしたインデックスファンドの基準価額は、日経平均株価と同じような値動きをするように組まれています。

大ざっぱにいえば、**景気が良くなると、日経平均株価が上がって、インデックスファンドの基準価額も上がり、景気が悪くなると、日経平均株価が下がって、インデックスファンドの基準価額も下がる**わけです。

インデックスファンドの投資先は、ベンチマークに連動するよう機械的に決められます。

そのため、運用会社にとってはあまり手間がかからず、手数料も高くありません。

また、インデックスファンドの基準価額の値動きは、常にベンチマークに追随《ついずい》するだけなので、リターンも市場平均並み、つまりいつも「平均点」なのです。

これに対し、アクティブファンドとは、「ベンチマークの動きを上回るような運用を目指した投資信託」のことです。

つまり、市場の動きに合わせるのではなく、市場平均より高い利益が得られるように組まれた投資信託であり、投資先は、投資のプロであるファンドマネジャーが決めます。

その分手間がかかり、銘柄の選択や資産配分など、証券投資に必要な高い専門性が求められるため、インデックスファンドに比べて運用にかかるコストは高くなりますが、あくまでも市場平均より高いリターンを追求しているのです。

そして金融庁は、つみたてＮＩＳＡで運用できる投資信託を選ぶ際、アクティブファンドに対しては、特に、

●総資産が50億円以上であること
●5年以上存続していること
●存続年数の3分の2以上、資金流入がプラスであること

といった、インデックスファンドにはない厳しい条件を課しています。

細かい説明は省きますが、この条件をクリアしたアクティブファンドは、「規模が大きく、実績があり、新規契約数が解約数を上回っている商品」、つまり、

「過去の実績に鑑《かんが》みて、安定性と信頼性が高く、長期運用に向いている」と、金融庁のお墨《すみ》付きをいただいた商品

である、といえます。

私がみなさんに、つみたてＮＩＳＡでアクティブファンドを買うことをおすすめしているのは、そのためです。

なお、日本には3000本以上ものアクティブファンドがありますが、**つみたてNISAの運用商品として対象となったのは、「セゾン・バンガード・グローバルバランスファンド」「セゾン資産形成の達人ファンド」**を含め、15本だけです（2017年11月29日現在）。

一方、つみたてNISAで運用できるインデックスファンドの数は、110本と、圧倒的に多いのですが、私は、つみたてNISAでインデックスファンドを運用する場合、注意が必要だと思っています。

まず、つみたてNISAの運用商品の選定にあたって、インデックスファンドにもコスト上限をはじめ、いくつもの条件は課されていますが、アクティブファンドほど厳しくはありません。

また、アクティブファンドに関しては、過去にきちんと実績を出している商品しか認められていませんが、インデックスファンドは、新設の商品も認められているのです。

そこで、**「自社の、既存のアクティブファンドが選ばれなかった」多くの運用会社は、あわてて条件に合うインデックスファンドを新たにつくり、認定を受けた**ようです。

しかし、インデックスファンドは、「ベンチマークの動きに連動するようにつくられる」という性質上、商品の差別化が難しく、低コストを売りにせざるをえません。

そのため、価格競争が激化し、いずれ運用が立ち行かなくなるものも出てくるのではないかと考えられます。

こうした状況を踏まえて考えると、やはり、

「節税効果の高いつみたてＮＩＳＡで、相対的にコストは高いものの、長期で運用した場合、より高いリターンが期待でき、かつ厳しい条件をクリアしたアクティブファンドを運用すること」

は、今後20年間、効率よく資産を形成できる方法として一考に値すると、私は思っています。

セゾン投信の営業を始めて10年。

これまで日本中で「長期投資」の大切さを訴えてきましたが、ようやく「個人が安心し、納得して投資に取り組める仕組み」ができあがったと思っています。

まとまった資金がなくても、たくさんの投資家が少しずつお金を出し合い、経済を活性化させていく。

正誤表	はじめての人が投資信託で成功するたった１つの方法　第１刷

本書において下記のとおり、誤りがございました。

内容を訂正すると共に、読者の皆様にご迷惑をおかけしたことを、深くお詫び申し上げます。

恐れ入りますが、本正誤表をご確認の上、ご利用いただきますようお願い申し上げます。

訂正箇所	
帯袖	ＱＲコード
208 頁	ＱＲコード

大変お手数をおかけしますが、
ＱＲコードでのアクセスは以下をお使いください。

https://ascom-inc.com/b/09737

そして、**投資をした全員が同じように利益を得て、幸せになる。**

そんな未来はもう目の前に迫っています。

ぜひ、みなさんには、長期投資で個人に利益をもたらし、健全な資産運用をかなえる投資信託委託会社を選んでほしいと願っています。

POINT!

つみたてNISAで、厳しい条件をクリアした
アクティブファンドを運用する。
それが、今後20年間、資産づくりで成功する方法である。

投資先は日本か、世界か。
あなたが買うべき
投資信託を教えます！

これまで、「資産を効率よくつくるうえで、つみたてＮＩＳＡを利用するべき理由」についてお話ししてきましたが、ここで考えておくべきポイントがあります。

それは、投資信託を通じて、

日本国内に投資をするか。

世界全体に投資をするか。


ということです。


まずは、つみたてＮＩＳＡの対象となった、15本のアクティブファンドの一覧をご覧ください。

どのアクティブファンドも、各投資信託委託会社が信念を持って運用しており、それぞれに特徴があります。

つみたてNISA対象商品（アクティブファンド）

国内型・海外型の区分	投資の対象としていた資産の区分	ファンド名称	運用会社
国内型	株式	コモンズ30ファンド	コモンズ投信㈱
		大和住銀DC国内株式ファンド	大和住銀投信投資顧問㈱
		年金積立　Jグロース	日興アセットマネジメント㈱
		ニッセイ日本株ファンド	ニッセイアセットマネジメント㈱
		ひふみ投信	レオス・キャピタルワークス㈱
		ひふみプラス	レオス・キャピタルワークス㈱
	株式及び公社債	結い2101	鎌倉投信㈱
海外型	株式	セゾン資産形成の達人ファンド	セゾン投信㈱
		フィデリティ・欧州株・ファンド	フィデリティ投信㈱
	株式及び公社債	セゾン・バンガード・グローバルバランスファンド	セゾン投信㈱
		ハッピーエイジング30	損保ジャパン日本興亜アセットマネジメント㈱
		ハッピーエイジング40	損保ジャパン日本興亜アセットマネジメント㈱
		世界経済インデックスファンド	三井住友トラスト・アセットマネジメント㈱
	株式及びREIT	フィデリティ・米国優良株・ファンド	フィデリティ投信㈱
	株式、公社債及びREIT	のむラップ・ファンド（積極型）	野村アセットマネジメント㈱

金融庁ウェブサイト中の「つみたてNISA対象商品届出一覧」（平成29年11月29日）を元に作成。

中でも大きく異なるのが「投資対象」であり、「国内の株式のみ」、「国内の株式および債券」、「海外の株式のみ」「海外の株式および債券」、「海外の株式、債券およびREIT」に分かれています。

株式のみに投資する商品は、市場の影響を受けやすいため、この中ではもっともハイリスク・ハイリターンであるといえるでしょう。

株式と公社債（債券）に投資する商品の場合、一般的に株式と債券は、逆の値動きをする傾向が強いといわれているため、ある程度リスクヘッジができています。

ただし、その分、ローリターンとなります。

REITとは不動産投資信託のことで、オフィスビルや商業施設などへの投資を行いますが、REITは株式や債券と比べ、市場規模が著しく小さいこともあり、投資信託においては、私は組み込む必要性を感じていません。

さて、もし私がこの中から商品を選ぶとすれば、次の6本のいずれかになります。

●セゾン・バンガード・グローバルバランスファンド（セゾン投信）

●セゾン資産形成の達人ファンド（セゾン投信）

●世界経済インデックスファンド（三井住友トラスト・アセットマネジメント）

●ひふみ投信（レオス・キャピタルワークス）

●コモンズ30ファンド（コモンズ投信）

●結い 2101（鎌倉投信）

名称	信託報酬 （年率・税込）	購入単位 （積み立て時）	投資対象
セゾン・バンガード・グローバルバランスファンド	0.68 ± 0.03%	5000 円以上 1000 円単位	30 か国以上の株式と 10 か国以上の債券。株式と債券の比率は原則 50：50
セゾン資産形成の達人ファンド	1.35 ± 0.2%	5000 円以上 1000 円単位	30 か国以上の株式
世界経済インデックスファンド	0.54%	100 円以上 1 円単位	国内、先進国および新興国の公社債および株式。株式と債券の比率は原則 50：50
ひふみ投信	1.0584%。5 年保有で実質 0.2% 割引、10 年保有でさらに 0.2% 割引	1000 円以上 1 円単位	主に日本の成長企業の株式
コモンズ 30 ファンド	1.0584% 以内	3000 円以上 1 円単位	日本の成長企業約 30 社の株式
結い 2101	1.08%	1 万円以上 1 円単位	主に日本の成長企業の株式

みなさんから、「自社の商品が入っている」とお叱りを受けるかもしれませんが、この6本を選んだ理由は次の通りです。

まず、つみたてNISAで運用できる「国内株式型」のアクティブファンドから3本をピックアップしました。

これらはいずれもセゾン投信と同様、独立系の投資信託委託会社が直接販売している（金融機関を通さず、自ら運用と販売の両方を行っている）商品です。

なお、その中でもここ数年、突出して高い運用成績を上げているのが、ひふみ投信です。

特に、2012年後半あたりから5年ほどの間に、1万円台前半だったひふみ投信の基準価額は4万円台にまで伸び、直近3年間の年平均利回りは20％を超えており、**「ひふみ投信を買い続けた結果、資産が倍になった」**という投資家の発言などが話題をよんでいます。

その背景には、アベノミクス効果などによる、国内株式市場の好調さもありますが、直に経営者に会い、自分たちの足で成長しそうな企業を探したり、低コストを実現させたり、といった、レオス・キャピタルワークスの企業努力が実を結んでいるのではないかと思います。

そして、ほかの2本も長期投資の考えを徹底させ、かつ直接販売により、顧客《こきゃく》の共感度の高い資金を集めることに努めている投資信託です。

一方、セゾン投信の2本の投資信託の資産配分比率は、91ページのようになっています。

現在、独立系の投資信託委託会社の商品の中で、世界全体（日本を含む）に分散投資しているのは、この2本だけです。

セゾン投信が世界全体に投資する道を選んだのは、現在の日本および世界の現状や将来を考え、それがベターだと思ったからです。

私は、人口の増加は、経済が成長する一つの大きな要因だと考えています。

人口が増えれば、必ず何らかの消費活動が行われ、商品やサービスを提供する企業の業績が伸びるからです。

これまで日本は世界有数の先進国として、経済発展を遂《と》げ、豊かさを享受《きょうじゅ》してきました。

しかし、これから先、10年後、20年後も、そうした豊かな状況は続くでしょうか。

私は、続かないと考えています。

たしかに、2009年3月に約7000円まで落ち込んだ日経平均株価が、2017年11月に2万2000円を超えるなど、日本経済にはまだ余力がありそうに見えます。

ただ、人口減少、少子高齢化といった要因もあり、「日本経済が今後も成長を続け

セゾン・バンガード・グローバルバランスファンド
(2017年9月29日現在)

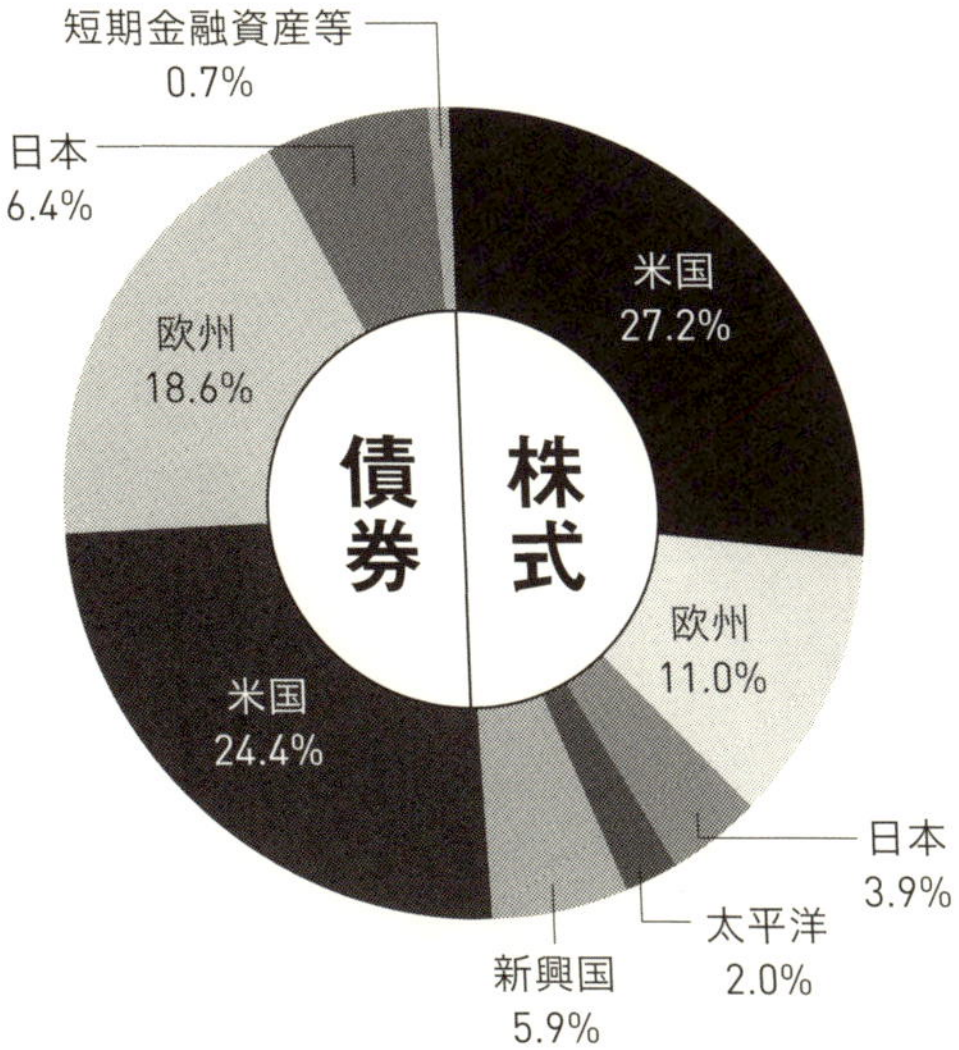

セゾン資産形成の達人ファンド
(2017年9月29日現在)

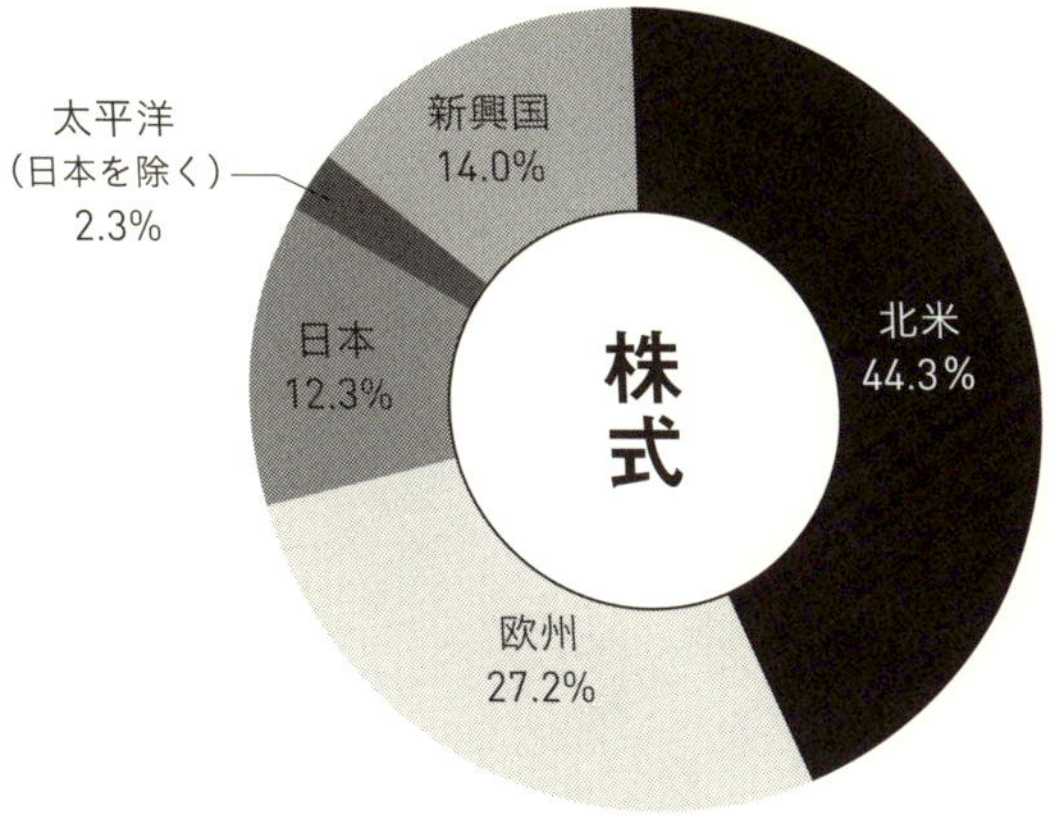

るか」と問われれば、「難しい」と答えざるをえません。

実際、日本のGDPは1990年代後半以降、横ばい状態が続いています。

反面、国連の人口推計を見れば、世界の人口は増え続けていることがわかりますし、世界全体のGDPも上昇を続けています。

これらを考え合わせ、**セゾン投信としては、日本だけではなく、世界全体に投資する方を選んだ**わけです。

特に、株式だけで運用している「セゾン資産形成の達人ファンド」は、相対的に高いリターンを求める投資信託ですが、長期で世界に分散して持つからこそ、株式のみでの運用が可能となっています（もっとも、株式市場が極度に加熱した場合には、一部を債券に回し、安定的な運用を目指すこともあります）。

日本の成長企業に期待するか、世界全体の成長に期待するか。

そこは、これから投資を始めるみなさんに判断していただくしかないのですが、私としては、やはり世界に分散して持っておく方が、より合理的なのではないかと考えています。

ところで、実際につみたてＮＩＳＡで投資をする際、みなさんに注意していただきたいことがあります。

それは「一人１口座しか持てない」ということ、そして「１つの金融機関でしか口座を開設できない」ということです。

口座を開設する金融機関は１年単位で変更することができますが、その年内に再度変更することはできません。

つまり、いったんある金融機関で口座を開いたら、１年間は、その金融機関で扱っている投資信託しか購入できないのです。

たとえば大手ネット証券のSBI証券では、「世界経済インデックスファンド」「ひふみプラス」「コモンズ30ファンド」などが購入できるため、2018年の前半まで「世界経済インデックスファンド」を買い、後半に「ひふみプラス」を買うといったことができます。

しかし、ゆうちょ銀行の「ゆうちょダイレクト」のように、「セゾン・バンガード・グローバルバランスファンド」と「セゾン資産形成の達人ファンド」の2本しかアクティブファンドの取り扱いがないという金融機関もあります。

もしセゾン投信の投資信託をやめたいと思っても、**年内は金融機関の変更ができないため、ほかのアクティブファンドは購入できません。**

私どもセゾン投信で口座を開設いただいても、他社の投資信託の販売は行っていないため、同様です。

投資信託の運用によって資産をつくるうえで、「何を買うか」は非常に大事です。それぞれの投資信託委託会社の特徴や理念、その商品の投資対象の将来性など、さまざまな要素をしっかりと吟味《ぎんみ》し、「この会社なら、安心して任せられる」「この投資信託なら、納得して投資できる」と思えたものを選んでください。

どんな投資信託なのか、どんな会社が運用しているのかをあまり考えずに、「このネット証券で口座を持っているから、ここで買える商品のうちの、どれかにしよう」といった理由で決めるのは、避けた方がいいでしょう。

POINT!

日本か、世界か、どちらに投資するか考えよう。長期なら、株式のみで運用しても、大きな値動きも享受できる。

100万円の利益が
80万円に！
税金を甘く見る人は、
投資に失敗する

すでにお話ししたように、**つみたてＮＩＳＡのメリット**は、なんといっても、**「投資で得た利益が非課税になること」**にあります。

ここでは、そのメリットの重要性について、もう少し詳しくお話ししましょう。

もし、通常の課税口座で、購入した株の配当金や投資信託の分配金を受け取ったり、年間20万円を超える売買益が出たりすると、20・315％の税金がかかります。

たとえば、年間に100万円の利益が出たら、そのうち**約20万円が税金として徴収され**、手元に残る利益は80万円となってしまうのです。

ところが、つみたてＮＩＳＡの口座なら、利益の100万円が丸ごと、手元に残ります。

この差は大きいと思いませんか？

特につみたてNISAは、非課税期間が20年、非課税投資枠が最大800万円です。コツコツとトータル800万円分の投資信託を積み立てで購入し、途中で解約せず、もし年平均3%の利回りで運用できたとすると、**20年後には、利益が300万円近くに達する可能性があります。**

通常の課税口座であれば、約60万円もの税金がかかり、差し引き約240万円となりますが、つみたてNISAなら300万円がそのまま受け取れるのです。

さらに、まとまったお金が必要になったときには、税金を気にすることなく、つみたてNISAで積み立てた投資信託を部分的に売却し、現金化することができます。

なお、私はよく、投資に関するセミナーを行っているのですが、しばしば耳にするのが、**「預金と違って、投資したお金は、自分の元から離れていってしまう気がする」**というご意見です。

投資に対し、「生命保険と同じように、すぐには解約できない」といったイメージを持っておられるのかもしれませんが、もちろんそんなことはありません。

売却した投資信託の代金が銀行口座に振り込まれるまで、数日間のタイムラグはありますが、投資信託はいつでも必要な額だけ売却し、現金化することができます。

つまり、投資信託は、**「銀行よりもリターンがいいけれど、少しＡＴＭの性能が悪く、お金の出し入れがやや不便な口座」**のようなものだと思っていただくと、よいかもしれません。

ですから、もしみなさんの中に、

「いざというときのために、まとまった額の現金や預金を残しておきたい」

「まずは貯金をし、残った分を投資に回そう」

と思っている方がいらっしゃるなら、少しでも早く投資を始められることをおすすめします。

すぐに必要なお金などは、手元に、もしくは銀行に残しておいた方がいいかもしれませんが、それ以外のお金は投資に回してしまった方が、より効率よく資産が形成できるのではないかと思われるからです。

私自身、銀行への預金はほとんどなく、お金はすべて投資に回しています。

このように、税制面でメリットの大きいつみたてＮＩＳＡですが、非課税の対象となるのは、あくまでもつみたてＮＩＳＡ口座で新規に購入した投資信託のみであり、通常の課税口座で購入した商品をつみたてＮＩＳＡ口座に移すことはできません。

また、通常の課税口座では、Ａという商品とＢという商品を運用し、Ａで大きな利益が、Ｂで損失が出た場合、それらを相殺してＡの利益を小さくし、かかる税金を少なくすることができます（これを「損益通算」といいます）。

ところが、Bを運用しているのがつみたてNISA口座だと、たとえBで損失が出たとしても、Aの利益と相殺《そうさい》することができないのです。

さらに、通常の課税口座では、ある年に損失が出た場合、それを翌年に繰り越して、翌年の利益から控除《こうじょ》することができますが、つみたてNISA口座では、それも認められていません。

こうした点に気をつけつつ、ぜひつみたてNISAを上手に利用し、資産づくりに役立てましょう。

POINT!

つみたてNISAは、投資で得た利益が非課税になる！非課税の対象となるのは、つみたてNISA口座で新規に買ったものだけ。

年40万円の積み立てで、
「どれだけ増えるか」を
徹底検証！

さて、実際に投資を始めようと決心された方も、まだ決めかねているという方も、気になるのは、**自分の大切なお金がどれだけ増えるのか**、ではないでしょうか。

ここでは、**過去10年間のセゾン投信の運用実績をもとに、「つみたてNISA」でどれだけお金が増えるのか**を検証したいと思います。

もちろん、過去10年とこれからの10年では市場の動きが異なりますので、同じ結果にはなりません。

あくまでも**目安の一つ**とお考えください。

それでは、さっそく、

「セゾン・バンガード・グローバルバランスファンド」（以下、「セゾン・バンガード」）

「セゾン資産形成の達人ファンド」（以下、「達人ファンド」）

の2本を年間20万円ずつ運用したらどうなるのか、過去10年間の実績に基づいて検証してみたいと思います。

105ページの表は、「セゾン・バンガード」、「達人ファンド」にそれぞれ年間20万円ずつ、10年間投資した場合の試算です。

毎月の積み立て額は1万円ずつ、年2回のボーナス月のみ増額して4万円分購入したとすると、

「セゾン・バンガード」では、約100万円の利益、「達人ファンド」では、約230万円の利益が出ます。

「思ったよりも利益が大きい！」

という方がいらっしゃるかもしれませんが、仮に2007年10月から2017年9月まで運用したとすると、実際にこのような結果になるのです。

「セゾン・バンガード・グローバルバランスファンド」
「セゾン資産形成の達人ファンド」を
10年間（各20万円／年）積み立てた場合
（2007年10月から2017年9月まで10年間の実績に基づく）

セゾン・バンガード・グローバルバランスファンド

元本：2,000,000円

↓

時価：3,008,096円!!

（損益：＋1,008,096円）

セゾン資産形成の達人ファンド

元本：2,000,000円

↓

時価：4,306,391円!!

（損益：＋2,306,391円）

つみたてＮＩＳＡでは、さらにもう10年間の運用ができるので、より大きいリターンが期待できるかもしれません。

とりあえず、長期投資を始めてみたいという方は、我田引水《がでんいんすい》で恐縮ですが、たとえば、**「セゾン・バンガード」と「達人ファンド」を1対1の割合**で組み合わせて投資するというやり方をイメージしてみてください。

「セゾン・バンガード」は、株式と債券の割合が50対50。

「達人ファンド」は、株式１００ですので、両方合わせれば、株式への投資比率が75、債券が25となり、**長期で考えればリスクを抑えつつ、リターンも期待できる組み合わせ**になるでしょう。

もし、債券の割合を増やして、より安定的に運用したいなら、たとえば「セゾン・バンガードを」2、「達人ファンド」を1の割合にするといった具合に、組み合わせを変えるのもいいでしょう。

年間40万円のつみたてＮＩＳＡなら、年間26万円を「セゾン・バンガード」に、年間14万円を「達人ファンド」に投資すれば、だいたい2対1の割合となります。

「長期投資なので日々の値動きは気にならない！　積極的に運用したい！」という方であれば、比率を逆にし、「セゾン・バンガード」を1（年間14万円）、「達人ファンド」を2（年間26万円）と振り分けることもできます。

これで株式への比率が約6分の5を占めることになります。

株式への投資割合が高くなるほど日々の価格変動は大きくなる傾向にありますが、得られる収益も大きくなる可能性があります。

投資信託には不確実性（リスク）がありますが、**しっかりとした合理的な考えに基づき、運用できれば、資産形成は誰でも実現可能だといえるでしょう。**

自分と相性のいい買い方はどれなのか、考えてみてはいかがでしょうか。

POINT!

長期投資を始めたい方は、たとえば「セゾン・バンガード」と「達人ファンド」を1対1で！　自分にあった長期投資の形を見つけよう！

Part 3

13万人を成功に導いた、投資の三大原則

「長期・積立・国際分散」。
これが
13万人を成功に導いた、
投資で守るべき
3つの大原則

「長期・積立・国際分散」という3原則を守り、それにふさわしい投資信託を選びさえすれば、投資で「失敗」することはほとんどない。

それが、10年前にセゾン投信を立ち上げてからずっと、私が抱き続けている信念です。

なぜなら、**この3原則には、「失敗する理由」が見当たらない**からです。

まず、「長期（投資）」とは、長い時間をかけて、ゆっくりと将来のための資産を育てることです。

長期的な視点をもって投資に臨めば、「早く結果を出さなければ」とあせって、ハイリスク・ハイリターンな商品に手を出すことはありませんし、一時的な経済環境の悪化や市場の暴落などにふりまわされる必要もありません。

投資先が成長するのをじっくりと待つことができ、その間に複利の効果もあって、資産はどんどん増えていきます。

次に「積立（投資）」とは、商品を一度にたくさん買うのではなく、毎月決まった額で、少しずつ買っていくことです。積み立てなら、まとまった資金など必要なく、どんな人でもすぐに投資を始めることができます。

また、商品を買うタイミングを見計らったり、自分の買い値と市場動向《どうこう》を比べて一喜一憂したりする必要がなく、楽しく気軽に投資を続けることができます。

最後に、「国際分散（投資）」とは、投資先などをできるだけ分散させることです。投資先を分散させれば、リスクもリターンも分散され、「大きく勝つ」こともなくなるかわり、「大きく負ける」こともなくなります。

しかも、一つの国や特定の地域ではなく、世界中に分散投資をすれば、おそらくまだまだ成長し続けるであろう「世界経済」「地球経済」に投資することになります。

このように、「長期・積立・国際分散」の3原則は無敵です。

これらを守りながらも投資に失敗することがあるとしたら、それは世界経済自体が決定的に破たんするときである、といえるかもしれません。

そして、この「長期・積立・国際分散」をもっとも実践しやすいのが、投資信託です。投資信託の運用可能期間は商品によって異なりますが、信託期限が「無期限」に設定されている投資信託なら、半永久的に運用し続けることができます。

また、投資信託のほとんどは、積み立てで買うことができ、月々数千円程度で購入できるものがたくさんあります。

さらに、商品によっては、1本で世界中の企業に分散投資することが可能です。

選び方さえ間違えなければ、投資信託は、もっとも資産を形成しやすい金融商品の一つであるといえるのです。

POINT!

「長期・積立・国際分散」の3原則を守れば、失敗はほとんどない！
「投資信託は儲からない」は大間違い！

時間こそが、投資を
プラスに変えてくれる、
力強い味方

ここからは、「長期・積立・国際分散」それぞれの意味について、もう少し詳しく説明したいと思います。

最初に、長期投資についてお話ししましょう。

長期的な視点を持って投資に臨むことのメリットとしては、まず、**「落ち着いて投資に取り組める」**点が挙げられるでしょう。

短期間で売買を繰り返すようなやり方とは異なり、「早く結果を出さなければ」とあせって、ハイリスク・ハイリターンな商品に手を出し、失敗することもありませんし、一時的な経済環境の悪化や市場の暴落などに右往左往《うおうさおう》する必要もありません。

また、**投資は長く続ければ続けるほど、失敗する可能性が低く**なります。

資産が大きく育てば、値動きの変動によって発生する損失を吸収できるようになるからです。

過去のデータに基づき試算したところ、たとえば、資産と地域を分散して、月々1万円ずつの積み立てで投資信託を購入し運用した場合、運用開始5年後までは元本を割り込む可能性がありますが、**20年間運用し続けた場合、どんなに途中で価格が下がっても、結果的に元本割れした商品はありませんでした。**

なお、究極の長期投資は、「『期限』というゴールを決めない投資」です。「この日に投資信託を売却する」と決めてしまうと、万が一、一時的に基準価額が下がっていた場合、損失が出てしまうかもしれません。

しかし「そのつど必要な分だけを解約して、残りは運用し続ける」というやり方であれば、基本的には「損をする」「失敗する」可能性は低くなるのです。

私がみなさんに、ゴールを決めない長期投資を特におすすめするのは、こうした理由からです。

ところが最近、「長期投資」という考え方に対する誤解が増えているように思います。

私が2006年にセゾン投信を立ち上げたのは、「日本に長期投資を根付かせたい」という思いからでした。

当時、「長期投資」という言葉を耳にすることはほとんどなかったのですが、さわかみ投信やレオス・キャピタルワークス、コモンズ投信、鎌倉投信といった独立系の投資信託委託会社のみなさんとともにメッセージを発信し続けた結果、長期投資の考え方が少しずつ、世間に広まっていきました。

そして近年、政府が、投資信託を長期運用することの有益さに注目するようになったことから、これまで**購入時手数料で稼ぐことばかりに血道を上げていたほかの金融機関も、にわかに「長期投資」をアピール**し始めています。

しかし中には、「長期投資が大事です」などと言いながら、長く持っている価値のない株や投資信託を、投資家に押し付けている営業マンもいるようです。

たとえば、ある企業が不祥事を起こして企業自体の価値や株価が急落し、「よほどのことがない限り、企業の価値や株価が元の水準に戻るのは難しい」と思われる場合。
そのような企業の株を「長く保有していれば、いつか株価が上がるのではないか」とあてもなく持ち続けているのは、偶然性に頼るギャンブルと同じです。
また、購入時手数料を稼ぐために、目先の流行に乗ってつくられた、将来性の感じられない投資信託なども、長く保有する意味はありません。

長期投資とは何か。

それは「時間をかけて価値を育てていくこと」だと、私は思います。

そもそも投資とは、「世の中に価値を提供しようとしている会社に資金を提供すること」です。

新しい商品やサービスが開発され、人々を喜ばせたり驚かせたりするようになるまでには、長い時間が必要です。

長期投資をするということは、投資家が企業に対し、長期にわたってお金を提供しているようなものなのです。

その結果生まれた商品やサービスに価値があれば、必ず価格も連動して上がっていき、企業が成長した分だけ、投資家にリターンが戻ってくる。

それが正しい長期投資の姿であり、「価値を生み出す可能性がない株や投資信託を、ただ長く持ち続ける」こととは、まったく異なります。

長期投資の真の意味、真の価値は、「資産をつくるうえでメリットが多い」というだけでなく**「かかわった人すべてが幸せになるお金の流れ」**をつくることにあるのです。

POINT!

本当の長期投資は、時間をかけて価値を育てていくこと。見せかけの長期投資にだまされてはいけない。

長期投資で「複利」のメリットを最大限に味わう

さて、「効率よく資産を形成する」という観点から長期投資をとらえると、もう一つ、忘れてはならない大きなメリットがあります。

それは、**複利効果が最大限に得られること**です。

複利については、Ｐａｒｔ2でも触れましたが、ここで、より詳しく説明しておきましょう。

銀行や郵便局にお金を預けると、必ず利息がついてきます。

貸したお金（元本）に対してどのぐらいの割合で利息がつくのかをパーセンテージで表したものを「利率」といい、利息の額は「元本×利率」で計算できます。

元本が大きくなれば、その分利息の額も大きくなるわけです。

一方、投資信託の商品紹介などには、よく「利回り」という言葉が使われています。

これは、預金における利率のようなもので、投資したお金（元本）に対して、毎年どのぐらいの利益が得られるのかを表したものであり、同じ商品でも、運用年数によって、利回りは異なります。

そして、基本的には、やはり元本が大きくなればなるほど、得られる利益も大きくなります。

複利とは、この「元本が大きくなれば、利益も増える」という仕組みを利用したものであり、「利益を再投資し、元本を少しずつ増やしながら運用すること」を「複利運用」といいます。

話をわかりやすくするために、たとえば、毎年10％ずつ利益が出る商品があると仮定します。

その商品に100万円を投資し、毎年利益を引き出したとき（単利運用）と、利益を再投資したとき（複利運用）で、どのくらいの差が生まれるのか、みてみましょう。

1年後に得られる利益は、単利《たんり》でも複利でも10万円ですが、複利の場合はその10万円を引き出さず、元本に組み入れます（つまり、元本が110万円となります）。するると2年後の利益は、単利は変わらず10万円、複利は11万円となります。

これを10年間繰り返したら、どうなるか。

単利の場合、元本は100万円のまま、プラス10年間に受け取った利益は100万円で、総額200万円。

一方で、複利の場合は、元本自体が260万円に育っています。

この時点ですでに、**単利と複利とでは、60万円の差がついてしまっている**のです。

さらに20年、30年……と時間が経てば経つほど、複利の場合は元本自体が大きくなり、利益もどんどん増えていきます。

しかし単利の場合は、元本の額が変わらないため、どんなに時間が経っても、毎年得られる利益の額は変わりません。

このように、資産形成において、複利運用を行うことはとても大事ですが、そのメリットを享受するうえで、気をつけなければならないことがあります。

まず一つは、**できるだけ途中で解約しないこと**。

投資信託はいつでも部分的に売却し、現金化することができますが、元本が小さくなれば、期待できる利益も小さくなってしまいます。

特に、積み立てを始めて間もないうちは、少しでも元本が減ると、資産の成長のスピードが遅くなります。

どうしても必要なときは仕方がありませんが、お金が勝手に働いてくれるようになるまでは、頑張って元本を育てましょう。

そしてもう一つは、分配金に気をつけること。

毎月、投資家に分配金を出す投資信託は、少なくありません。

「定期的に収入が入る」というのが人気の理由ですが、こうした投資信託は、長期的

な資産の形成には向いていません。

せっかくの利益を分配金として受け取ると、再投資できず、単利運用に近くなってしまうからです。

しかも、NISA口座以外では、受け取った分配金に税金がかかり、その分、手元に残るお金も少なくなってしまいます。

なお、「セゾン・バンガード・グローバルバランスファンド」「セゾン資産形成の達人ファンド」は、複利効果を活かすため、これまで分配金を出したことがなく、今後も分配する場合も、税金を差し引いた後、再投資するようにしています。

長期投資で複利効果のメリットを最大限に味わうためには、それに適した商品を選ぶことも大事なのです。

POINT!

複利効果を活かすことで、資産は大きく育っていく。そのためにも、分配金再投資型の投資信託を選択する。

投資先を分散させれば
させるほど、
失敗の可能性は低くなる

最後に、分散投資についてお話ししましょう。

投資の世界には、**「すべての卵を一つのかごに盛るな」**という、有名な格言があります。

卵を一つのかごに盛ると、そのかごを落としたとき、すべての卵が割れてしまう。しかし、複数のかごに分けて盛っておけば、たとえ一つのかごを落としても、ほかのかごの卵は影響を受けずにすむ。

だから、特定の商品だけでなく、複数の商品に投資を行い、リスクを分散させた方がよい、というわけです。

投資において、「分散」を心がけることは、失敗する可能性を低くするうえで、何よりも大事なのです。

なお、一口に「分散投資」といっても、その内容ややり方はさまざまです。

たとえば積み立て投資は、「時間（投資のタイミング）の分散」であるといえます。

一度に大きく投資するのではなく、何度かに分けて投資を行うことで、「一番高値のときに買ってしまう」「一番安値のときに買ってしまう」といった失敗が起きるのを避けているからです。

そして、特に重要なのが、「資産の分散」。

たとえば、投資に回せるお金をすべてAという会社の株だけにつぎ込んでしまうと、資産はA社の株の値動きに左右され、かなり不安定になります。

ところが、A社の株を半分にし、もう半分のお金で値動きの異なるB社の株式を買っておけば、「A社の株が値下がりしても、B社の株の値上がり益でカバーする」といったことが可能になり、銘柄を分散させればさせるほど、個々の値動きから受ける影響は少なくなります。

リスクもリターンも分散され、「大きく勝つ」こともなくなるかわり、「大きく負ける」こともなくなる。

それが、分散投資のメリットであるといえます。

なお、**資産を株だけで固めるのではなく、「株とは逆の値動きをしやすい」といわれる債券を持っておくというのも、オーソドックスな資産分散のやり方**です。

さらに、「地域の分散」も大事です。

ある特定の地域だけに投資をすると、やはり失敗する危険性があるからです。

たとえば一時期、ＢＲＩＣｓ（ブラジル、ロシア、インド、中国）がもてはやされ、数多くの新興国《しんこうこく》ファンドが販売されました。

しかし、急成長していたこれらの国々も、現在、やや勢いを失いつつあります。

世の中は移ろいやすく、一つの国や特定の地域だけが永遠に成長し続けるということはありません。

「どの国がこれから成長するか」「次はどの地域が伸びるか」といった、目先のことばかり考えて投資をしていては、なかなか安定した資産を築くことはできません。

失敗する可能性をおさえつつ、時間はかかっても着実に資産を増やしていきたいのであれば、**私はやはり、「世界全体」に分散投資することをおすすめ**します。

資本主義経済が拡大していく限り、地球経済は、全体としては成長を続けます。国連の人口推計などを見れば、世界の人口が増え続けていることがわかりますし、人口が増えれば、その分必ず何らかの消費活動が行われ、商品やサービスを提供する企業の業績は伸びていくからです。

たとえ一時的に世界経済が落ち込むことはあっても、再び回復し、成長していくのをじっくりと待てばよいのです。

なお、投資にあまり慣れていない方の場合、どうしても「知っている企業やなじみのある企業に投資したい」という心理が働き、日本への投資配分が過剰になってしまいがちです。

これを**「ホームカントリーバイアス」**(自国偏重の資産配分)といいます。

ただ、そのような投資配分は、残念ながら、世界経済の実情には合っていません。地球規模の成長軌道《きどう》に乗って資産を増やしていこうと考えるならば、ホームカントリーバイアスをできる限り排除する必要があります。

自分のお金を世界中に分散投資し、世界の豊かさが拡大していく中で、ゆっくりとお金を育てていく。

それこそが、もっとも理にかなった資産形成のあり方なのではないかと、私は思っています。

POINT!

日本に固執せず、世界に投資を。
冷静な資産運用が、あなたに利益をもたらす。

「正しい投資信託」は、買った人すべてを幸せにする

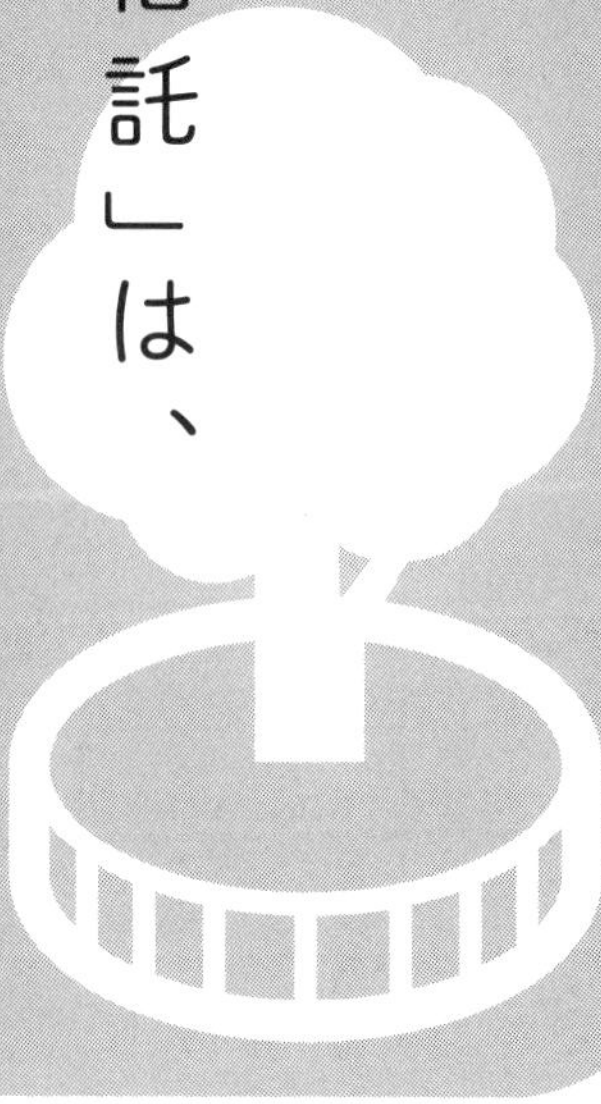

世の中には、株、債券、外貨預金、金、プラチナなど、さまざまな金融商品がありますが、その中でもっとも「長期・積立・国際分散」を実践しやすいのが、投資信託です。

まず投資信託は、一つ買うだけで、物によっては世界じゅうの何十、何百もの会社に分散投資することができます。

投資先などはファンドマネジャーという投資のプロが管理してくれていますから、買ったあと、自分でいちいち値動きやマーケットの動向をチェックする必要はなく、楽に長期保有できますし、商品をきちんと選べば、長く運用すればするほど、大きな利益をもたらしてくれます。

さらに、「まとまったお金がなく、ほかの金融商品には手が出せない」という人でも、**投資信託であれば、積み立てで少額から買うことが可能**です。

実際、アメリカやヨーロッパでは、投資信託は決してお金持ちのためのものではなく、「一般市民が資産を形成するための投資手段」として位置づけられています。

投資信託は本来、「時間をかけて、ゆっくりと資産を形成したい生活者」にとって、心強い味方なのです。

ところが、日本ではいまだに、投資信託に対して「うさんくさい」「損をすることが多い」といったイメージを抱いている人が少なくありません。

たしかに、日本の既存の投資信託には、販売する金融機関の利益にしかならないような商品や、投資家の資産の形成の役に立たない商品が、あまりにも多すぎました。

投資先進国であるアメリカの投資信託の残高上位ベスト10は、すべて長期投資の商品です。

もっとも期間の長い商品は、なんと70年以上続いており、上位10本の平均年数は30

年以上です。

一方、Part2でもお話ししたように、今までの日本の投資信託は、購入時手数料で稼ぐことに主眼が置かれ、「長期運用に適した商品」よりも「売りやすい商品」ばかりが開発されてきました。

日本の投資信託の残高上位ベスト10は、平均年数5年未満と、寿命が短いものばかりであり、しかもこれまでは、ほとんどが「定期的な収入は入ってくるものの、複利効果が得にくい」毎月分配型でした。

販売会社が、富裕層や高齢者層を主なターゲットとしてきたため、「長期的に運用して資産形成を行いたい」という一般生活者のニーズにこたえられる商品が、きわめて少ないのです。

また販売会社も、購入時手数料を稼ぐため、投資家に次から次へと、新しい投資信託への買い替えをすすめてきました。

こうした既存の業界の慣習《かんしゅう》の中で、売る方も買う方も、なかなか長期投資にたどりつけなかったのです。

しかし、今後日本社会では、将来の経済的自立に向けて、一人ひとりが積極的に資産を形成することが不可欠になっていきます。

そうした中で、投資信託が果たすべき役割は、ますます大きくなっていくはずです。

そして、つみたてＮＩＳＡの運用商品に、厳しい条件が課されたことからもわかるように、**政府は今までの投資信託のあり方にノーを突きつけ、長期投資に向いた高品質の投資信託を増やそう**としています。

投資信託は、お金に余裕のある人であろうとなかろうと、生活者が誰でも、平等に投資に参加できる仕組みをもった、非常に優れた商品です。

しかも、同じ時期に同じ金額で同じ商品を買った人は、出資した額に応じて、平等にリターンを受け取ることができるのです。

「周りを出しぬいた人間だけが幸せになる」投機とは違い、買った人全員が幸せになる**投資信託は、和を大切にする日本人にぴったりの商品であるとも**いえます。

近いうち、日本にも必ず、「投資信託による長期投資」が当たり前のように行われる時代がやってくる。

私はそう信じています。

POINT!

投資信託は、和を大切にする日本人にはぴったりの投資方法。投資額に応じたリターンを受け取れるので、根気よく運用を続けよう。

Part 4

「正しい投資信託」でこんなに資産をつくった！体験談

（女性 40代 主婦）
積み立て投資で、8年間に約90万円の利益。たとえ不景気がきても、あせることなく投資を続けます！

8年前、娘が幼稚園に上がったころに、投資を始めました。

それまでは**コツコツ節約し、貯金をしていた**のですが、お金がなかなか増えず悩んでいたところ、ママ友からセゾン投信のことを教えてもらったのです。

さらに、セミナーに足を運んで中野社長の話を聞き、「この会社、この商品なら信頼できる」と感じて、すぐに口座を開設。

以来、「セゾン・バンガード・グローバルバランスファンド」を、**毎月3万円ずつ、積み立て**で買っています。

なお、私が投資を始めたころは、まだリーマン・ショックの影響が残っており、1

年後には、東日本大震災が発生。

「投資信託の基準価額が低いときは、同じ金額でたくさん買えるチャンス」「世界経済は今後も成長し続ける」と聞いていましたが、なかなか基準価額が上がる気配がなく、「ずっとこのままの景気が続くんじゃないだろうか」と、さすがに不安になりました。

ところが、その後、**景気は本当に回復し、投資信託の基準価額も上昇。**

今までの投資総額は280万円ほどですが、現在の評価額は370万円です。

貯金とは比べ物にならないほど、資産を増やすことができました。


娘も中学生になり、いろいろとお金がかかりますが、部分的に解約することはあっても、運用自体はずっと続けていこうと思っています。

「長い目で見れば、景気は必ず回復する」**「基準価額が下がっているときでも、投資信託を買い続けると、いずれ報われる」**と身をもって学んだので、また不景気がきても、今度は落ち着いて乗り越えられそうです。

（男性 40代 会社員）

過去の失敗から、投資に臆病に。投資方法を見直して再チャレンジし、4年間に約20万円の利益！

40代になったのを機に、「給料が上がらず、預金の金利もほとんどつかず、将来の年金もあてにできない中、どうすれば家族や自分たち夫婦の老後の生活を守れるか」と真剣に考え、さまざまな情報を集めるようになりました。

実は、私は以前、投資に失敗したことがあります。

独身時代、ネットで「人気商品」として紹介されていた、ある新興国のファンドをボーナスでまとめ買いしたところ、数か月後には基準価額が下がり始め、結局損をしてしまったのです。

その後、投資に対してはかなり臆病になっていたのですが、中野社長の本を読んで、**「過去に自分が失敗したのは、商品の選び方とやり方が悪かったのだ」**と気づき、再び投資に挑戦することに。

ただ、家族に迷惑がかかってはいけないと思い、最初は自分の貯金と小遣いで、「セゾン・バンガード・グローバルバランスファンド」と「セゾン資産形成の達人ファンド」を毎月1万円ずつ、積み立てで買い始めました。

まだ4年しか経っていませんが、投資総額約100万円に対し、現在の評価額は約120万円と、着実に資産が増えています。

そこで先日、思い切って妻に、投資信託を買っていることを打ち明けたところ、妻も興味を持ち、今後は二人で力を合わせて投資をすることになりました。

家計のムダなどを見直して、月々の投資信託の購入額を増やす予定です。

今では、**「臆病にならず、もっと早くに始めておけばよかった」と後悔しています。**

（女性　50代　会社員）

毎月10万円ずつの投資で、3年間に約100万円の利益。「投資にゴールはない」と知り、あせりの気持ちがやわらいだ！

現在、実家で、80代の両親とともに暮らしています。

若いころからすでに、貯金や個人年金保険などで、老後に向けての資産づくりを行ってはいたのですが、50歳を過ぎて、**「もっと資産形成のスピードを速めなければ」**と思うようになりました。

いろいろと調べているうちに、ネットでセゾン投信のことを知り、さっそく口座を開設。

「セゾン・バンガード・グローバルバランスファンド」と「セゾン資産形成の達人ファ

ンド」を毎月5万円ずつ、積み立てで購入しています。

もうすぐ3年になりますが、投資総額はそれぞれ約210万円ずつで、現在の評価額は、「セゾン・バンガード」が約240万円、「達人ファンド」が約280万円です。

なお、私はずっと「元気で働けているうちに、老後、不自由せずに暮らしていけるだけの資産をつくらなければ」と思い、あせっていました。

しかし、**「『何歳で投資をやめる』とか『いくらお金がたまったら投資をやめる』というったゴールを決める必要はない」**「投資は一生続けることができ、運用し続けている限り、お金を増やすことができる」という考え方を知り、かなり気持ちが楽になりました。

これからは楽しみながら、無理なく投資を続けていこうと思っていますし、来年つみたてＮＩＳＡが始まったら、そちらもうまく利用していくつもりです。

Part 5

世の中の投資の9割は間違っている

個別株への投資で
資産をつくれる人は、
ほんのひと握り

この本では、「今後20年間、投資で成功する最適の方法」として、つみたてNISAで投資信託を長期運用していただくことをおすすめしていますが、もしかしたらみなさんの中には、投資信託をきっかけに投資の面白さを知り、「もっといろいろな方法を試してみたい」と思われる方がいらっしゃるかもしれません。

もちろんそれは素晴らしいことであり、リスクを分散させるために、ほかの商品を運用されるのも良いと思います。

ただ、世の中には、手を出すには危険すぎる投資方法や商品もたくさんあります。

Part5では、そんな「やってはいけない」「あまりおすすめできない」投資について、お話ししたいと思います。

さて、「投資」と聞いて、まずみなさんがイメージされるのは、おそらく株式投資（個別株への投資）ではないかと思います。

しかし個人が株式投資で資産を形成するのは、非常に難しいといえるでしょう。

中でも、**株の売買を一日に何度も繰り返し、細かく利益を積み重ねるデイトレードなどは、まさにギャンブル、投機**です。

一日中パソコンの前にはりついて株価をチェックしていなければならず、利益を上げた次の瞬間に、大きな損をする可能性もあります。

手間がかかるうえ、安定した利益など決して得られません。

一方、企業にとっても、そのような、次の瞬間にどうなるかもわからない流動的な資金をもとに設備投資などを行うことはできません。

つまりデイトレードで動くお金は、「経済の発展」という点からすると、あまり役に立っていないのです。

また、デイトレードとは違い、ある程度の期間、株を保有するつもりであったとしても、個人投資家の行う株式投資は、どうしてもギャンブル性が高くなりがちです。

まず、株式投資には、まとまった資金が必要です。

個別株の中には、1株10円台のものもありますが、人気のある銘柄、将来性が高い銘柄などはたいてい1株数千円から数万円であり、100株単位で買えるものもあれば、1000株単位でないと買えないものもあります。

仮に1株1000円程度の株を100株買ったとしても、投資金額は10万円、1000株単位でなければ買えない株なら、1銘柄だけで100万円必要です。よほど資金に余裕がなければ、分散投資などできません。

一方、日本全国の上場企業数は、約3600社にのぼります。

仮にその中から10社を選んで投資したとしても、全体の0・3%弱にすぎません。

情報を集め、企業分析を行い、この中から「値上がりする可能性がある」会社を選ぶこと自体、**よほど投資に興味があり、時間が割《さ》ける人でない限り難しい**と思いますが、利益を出すためには、売買のタイミングを的確に判断する必要もあります。

しかも、プロの投資家に比べて、個人投資家が集められる情報には限りがあり、情報を集めるにしても判断を下すにしてもきわめて不利です。

なお、「応援したい会社、好きな会社の株を選んで、長期保有する。それが本当の投資である」といったフレーズを耳にすることも、よくあります。

たしかにそれも一つの考え方ではありますが、**「資産形成」という観点からすると、きわめてリスクの高い行動**です。

しっかりと分析を行い、将来性のある企業に投資をするならよいのですが、あまり成長の見込みのない企業の株を買い、長期保有しても、資産形成にはつながりません。

しかも「応援したい会社、好きな会社である」という理由で投資対象を選ぶ場合、どうしても、その人が理解しやすい業種に偏ってしまうというデメリットもあります。

私は、個人が資産形成を前提にして個別株に投資する場合、最低でも20銘柄程度に分散させる必要があると思っています。

それも、業種、企業規模、業績動向、内需《ないじゅ》企業か外需《がいじゅ》企業か、景気サイクルへの影響度はどの程度か、といったさまざまな要素を考慮して分散させ、かつ、それぞれが異なる値動きをするように、組み合わせを考えなければなりません。

さらに、失敗するリスクを避けようと思ったら、本来は日本企業だけでは不十分であり、海外のさまざまな地域の企業にも投資をする必要があります。

そうなるともはや、個人投資家にできる範囲を超えています。

「投資した企業の価値が上がることにより、リターンが得られる」という点では、株式投資も立派な「投資」ですが、個人が合理的で安定的な資産形成を行う手段としては、あまり適切ではないのです。

POINT!

長期保有するつもりであっても、個別株への投資は投機性が高く、個人の資産づくりには向いていない。

一年に85%の人が消える、FXの世界

近年、株式投資と並んで、特に若い人たちの間で人気が高いのは、ＦＸ（外国為替証拠金取引）です。

自国の通貨を、外国の通貨に換える取引を**「外国為替取引」**といいます。通貨の価値は常に変動していますが、ＦＸとは、この価格変動に注目して行う取引のことです。

たとえば、1ドルを110円で買い、1ドルが120円になったときに売れば、10円の利益が出ます。

ＦＸは、この為替差益《さえき》を狙ったもので、1998年4月に「改正外為法《がいためほう》」が施行されてから登場した商品です。

ＦＸは、単純に円を売って外貨を買ったり、外貨を売って円を買ったりするだけなので、円安の局面でも円高の局面でも為替差益を狙うことができ、しかもＦＸ会社同士の競争が激化したこともあって、為替手数料は格安です。

さらに、昔と違い、誰でもパソコンやスマートフォンで簡単に為替の売買ができること、株式投資に比べて、少ない資金でも取引に参加できることから、ＦＸのデイトレーダーが急増しています。

しかし私からすれば、**ＦＸは株式投資よりもはるかにギャンブル性が高く、資産形成の手段とはなりえません。**

まず、ＦＸは、通貨そのものを取引の対象にしています。

通貨は、あくまでも「モノを買うための道具」にすぎず、それ自体が価値を増大させることはありません。

株式投資の場合は、投資によって企業の価値が増大する手助けをし、収益を得ますが、ＦＸの場合は、その時点その時点の通貨の強弱によって利益が生まれるだけです。

つまり、ＦＸで利益を得ることは、他者から利益を奪うことでしかないのです。

また、ただの道具にすぎない通貨には「フェアバリュー」が存在しません。

フェアバリューとは、ある資産が本来持っている価値のことです。

たとえば株の場合、その企業の現在の業績や将来性などによってフェアバリューが決定し、一時的に上下することはあっても、最終的に価格は、フェアバリューに近い水準に落ち着きます。

ところが、通貨のようにフェアバリューがない投資対象は、需給のバランスのみで価格が決定します。

いったん、ある通貨の買いが優勢になり、価格が上昇すると、ほかの投資家も追随して買いが買いを生む状態が続き、いったん価格が下落すると、逆に、売りが売りを生む状態が続きます。

フェアバリューがなく、ＦＸ投機筋の欲望と感情に応じて、価格が上昇や下落に転じるきっかけが起きるため、先の動きを予測することはほぼ不可能なのです。

さらに、ＦＸがおそろしいのは、「レバレッジ」が効かせられる点です。

レバレッジとは、小さいお金で大きな取引ができる仕組みのことです。

現在の日本では、ＦＸで効かせられるレバレッジは25倍までと決められていますが、かつては４００倍ものレバレッジを効かせられたこともありました。

つまり、１００万円の証拠金で、最大４億円もの取引ができたのです。

レバレッジを最大限に効かせ、相場の読みがあたれば、多額のリターンを得ることができますが、逆に読みが外れれば、その損失も大きくなります。

通常、証拠金以上の損失が発生しそうなときには、「ロスカット」という仕組みによって強制決済が行われるのですが、相場が急変したときにはロスカットができず、証拠金を超える損失が発生することもあります。

その場合、投資家は、追加で資金を入れなければなりません。

プロの投資家と違って、**レバレッジの怖さを知らない個人投資家ほど、25倍ギリギリいっぱいまでレバレッジを効かせてしまい、大変な目に遭う**ことが多いのです。

多くのギャンブル同様、ＦＸも、最終的には胴元《どうもと》、すなわちＦＸ業者が儲かるようにできています。

あるＦＸ会社の社長は、「ＦＸの世界では、一年に85％の人が消える」と言っていました。

しかも、**儲かってやめる人はほとんどいない**そうです。

ＦＸは投資ではなく、ただの投機です。

資産形成どころか、よほど運が強く、かつ「勝ったときにスパッとやめられる」意志の強い人でなければ、利益を出すことすらままならないでしょう。

みなさんには、決して近づかないことをおすすめします。


POINT!

ＦＸは株式投資よりもギャンブル性が高く、危険だらけ。決して手を出してはいけない。

本当は誰も入る必要がない、生命保険

日本は、世界一、生命保険への加入率が高い国だといわれています。

生命保険文化センターの「平成27年度　生命保険に関する全国実態調査」によると、2015年の、2名以上の世帯の保険の加入率は、実に89・2%。

年間の払込保険料も、一世帯あたり平均38・5万円と、決して安くはありません。

保険に入る理由としては、おそらく、

「保険の外交員や、保険会社に勤めている親戚《しんせき》や知人にすすめられて断りきれずに加入し、解約するのも面倒なので、保険料を払い続けている」

「夫に何かあったときのことを考え、妻が加入を決めた」

「いざというときに備えつつ、貯蓄をしたい」

といったものが多いのではないかと思いますが、私は、生命保険に加入する意味は、ほとんどないと考えています。

まず、生命保険というのは、基本的には「自分が病気や事故でこの世を去ったとき、経済的に困る人がいる」場合に加入するものです。

ところが、厚生労働省が発表している平成28年の人口動態《どうたい》統計の年齢階層《かいそう》別の死亡率を見ると、死亡率（10万人あたりの死亡者数）は、20〜24歳で35・3人、三桁に達する45〜49歳で152・4人、四桁に達する手前の65〜69歳で914・5人。

つまり**70歳近くなっても、亡くなる確率は1％未満ときわめて低く、本当はあまり、「もし自分がこの世を去ったら」などと意識する必要はない**のです。

また、生命保険に貯蓄（資産形成）の意味合いを求めている人は少なくありません。

実際、前出の「生命保険に関する全国実態調査」によると、「今後、世帯主が加入する場合、どのような種類の生命保険が良いか」という問い（複数回答可）に対し、

①病気やケガの治療や入院にそなえるもの　50・9％

②病気や災害、事故による万一の場合の保障に重点をおいたもの　48・4％

③老後の生活資金の準備に重点をおいたもの　46・3%
④保障と貯蓄をかねたもの　35・9%
⑤介護費用の準備に重点をおいたもの　32・0%
⑥子どもの教育資金や結婚資金の準備に重点をおいたもの　14・2%
⑦貯蓄に重点をおいたもの　12・8%

といった結果になっており、特に③〜⑦などを見ると「保険をかけながら、貯蓄（資産形成）もしたい」という人が、かなりの割合で存在することがわかります。

そのため、個人年金保険や終身保険など、貯蓄型の生命保険に入っている人も多いと思われますが、実は貯蓄型の生命保険で資産や老後の資金をつくるのは、非常に効率が悪いのです。

たとえば、よくあるのが、払込期間中に死亡した場合の死亡給付金が抑えられ、払込が終わると、一括で年金が受け取れたり、10年間、年金が支払われたりするタイプの、個人年金保険。

45歳から65歳まで、毎月3万円ずつ払い込んだ場合、いくら受け取れるのかを、ある大手生命保険会社の商品でシミュレーションしたところ、

●一括で受け取った場合　約723万円
●10年かけて受け取った場合　約734万円

という結果が出ました。

20年かけて720万円積み立て、もっとも多く受け取ったとしても、14万円のプラスにしかならないのです。

しかも、一括で受け取れば、受け取れる額はさらに少なくなり、払込み期間中に亡くなったり解約したりすれば、戻ってくるお金は払い込んだ保険料以下、つまり元本割れしてしまいます。

一方、投資信託を毎月3万円ずつ積み立てで購入し、年平均3%の利回りで運用できたとすると、10年で約50万円程度の利益が出ますし、生命保険と違って、好きなタイミングで解約することも、一部だけ解約することもできます。

保険料が安い掛け捨て型の生命保険に加入し、保障だけを買うのであれば、まだリーズナブルですが、貯蓄型の生命保険はいずれも似たり寄ったりです。

同じお金を払い、同じ時間をかけて資産を形成するなら、私は、投資信託の運用をおすすめします。

POINT!

生命保険で資産や老後の資金をつくるのは、非常に効率が悪い。すでに加入している人は保険を見直し、その分、投資信託の運用を。

入居したその日から、不動産の資産価値は下がり始める

かつて日本には「不動産の価格は必ず上がる」「不動産には絶対的な価値がある」という「土地神話」がありました。

バブル崩壊により、その土地神話も崩れ去りましたが、不動産投資に関心を持つ人は、今も少なくありません。

特に最近は、土地や建物の売買によって利益を得るのではなく、アパートやマンションを手に入れて家賃収入を得る、いわゆる「賃貸不動産投資」によって資産を形成しようと考える人が多く、方々でセミナーが開かれています。

みなさんの中にも、たとえば定年退職を控え、**「退職金を元手に物件を買い、賃貸不動産オーナーになって、第二の人生を送ろう」**と考えている人がいらっしゃるかもしれませんね。

しかし私は**賃貸不動産投資も、失敗する可能性の高い投資方法**だと考えています。

まず、賃貸不動産投資にはまとまった資金が必要であり、おそらく金融機関から相当の額の借金をし、家賃収入から少しずつローンを返済していくことになるはずです。ところが、**無理に多額のローンを組んでしまうと、自分の首を絞める**ことになりかねません。

セミナーなどでは、あまり触れられないかもしれませんが、賃貸不動産経営にはさまざまなリスクがあります。

たとえば、空室のリスク。

一室でも空室が発生し、入居者が決まらない状態が続いたり、それに伴って家賃の値下げを行ったりすれば、それだけでローンの返済計画に狂いが生じます。

持っている物件で何らかの事故やトラブルが起こる可能性も、ゼロではありません。

また、時間が経つにつれて建物の資産価値は下がり、それに伴って家賃収入も減っていきます。

資産価値を維持するためには、こまめなメンテナンスを行わねばならず、労力も、当初想定していなかった費用も発生します。

さらに、**無理をして賃貸不動産を手に入れた場合、その人の資産のほとんどを、「ただ一つの国内不動産」が占める**ことになります。

これは、「資産を分散させ、リスクを分散させる」という、資産形成の鉄則《てっそく》にも反しています。

しかも、今後の日本は人口が減少傾向にあり、都心の一等地など、人気があって不動産の資産価値が上がる、ごく一部の土地と、人がどんどん減っていき、空き家が増え、不動産の価値が下がる場所に、はっきり分かれてしまう可能性があります。

不動産には、換金性が低いというデメリットもあります。

「親から受け継いだ土地がある」「十分に頭金がある」など、よほど資金に余裕がある人、不動産に目が利き、入居者が集まりそうな場所や、将来的に発展しそうな場所、価値が上がりそうな場所を見極められる人でなければ、賃貸不動産投資で成功するのは難しいのではないかと、私は思います。

なお、不動産に関しては、ほかに**「持ち家と賃貸、どちらが得か」**といった悩みをよく耳にしますが、**持ち家を購入するのも、あまりおすすめはできません。**

都心の一等地などに家を買う場合はともかく、そうでなければ、いずれ資産価値が目減りするものに投資することにしかならないからです。

家は、一度入居した時点から評価が下落し始めます。

入居後1年で10〜15％下がり、築20年も経てば半値《はんね》以下になるといわれています。それでも住宅ローンだけは、マンション購入時に決められた額を、きちんと払わなければなりません。

将来的に価値が下がり、換金性も低い「持ち家」という資産を手に入れ、借金の返済に追われるよりも、**賃貸に住みながら投資信託などを運用した方が、資産の形成という意味では、はるかに効率がよい**のではないでしょうか。

年齢を重ね、賃貸に住むのが難しくなっても、ある程度の資産さえつくっておけば、安い中古物件を買うなり、有料老人ホームに入居するなり、選択肢の幅は広がるはずです。

POINT!

賃貸不動産投資には、さまざまなリスクやデメリットがあり、持ち家も含め、不動産の資産価値は、将来必ず目減りする。

Part 6

「豊かな老後」を、投資信託でつくる

公的年金は、あてにはできない

みなさんにおうかがいします。

「なぜ『資産をつくらなければ』と思っていらっしゃるのでしょうか」


日々の生活をより豊かにしたいから。

お子さんの教育費を蓄《たくわ》えたいから。

いざというときのために、まとまったお金を準備しておきたいから。


さまざまなお答えがあると思いますが、特に多いのは、おそらく、

「老後に備えたいから」

というものではないでしょうか。


では、私たちは老後に備えて、どのくらいのお金を用意しておくべきなのでしょう。

ここでまずお話ししておきたいのは、日本の年金の未来について、です。

少子高齢化により、よく「日本の年金制度は破たんしている」と言われますが、私は、**年金制度はまだ破たんしておらず、今後も破たんすることはない**と思っています。政府は制度を破たんさせないよう、常に制度の検討・改変を行っているからです。

ただ、**受給者にとって、苦しい状況が訪れる**のは、間違いありません。

ほぼ確実に行われるであろう改変の一つが、給付金額の削減です。

現在の年金受給者と同レベルの年金を給付し続けていたら、やがて原資が足りなくなることは目に見えており、年金制度を維持するためには、将来、年金をもらう人への支給額を大幅に減らしていく必要があるからです。

実際、２０１７年１月、厚生労働省が３年ぶりに、年金支給額を０・１％下げると発表しており、支給額はじわじわと少なくなっています。

さらに２０１６年12月に「年金制度改革関連法」が可決され、２０１８年以降、物価が下がった場合だけでなく、現役世代の賃金の低下にも連動して（社会情勢に合わせて）、年金支給額が減額されることになりました。

なお、2017年3月に厚生労働省が発表した「平成27年度　厚生年金保険・国民年金事業の概況《がいきょう》」によると、国民年金の平均支給額は5万5244円。

現役時代の所得や納付期間が支給額を左右する厚生年金の平均支給額は14万7872円。

現時点で、厚生年金を合わせても、生活するのに十分な額とはいえませんが、今後さらに減ってしまうわけです。

また、かつて55歳だった厚生年金の支給開始年齢は、何度かの制度改正を経て段階的に引き上げられ、現在は国民年金同様、65歳となっており、いずれ、70歳からの支給になる可能性も十分にあります。

しかしそうなったとき、**年金が支給される年齢まで、働き続けることができる保証**

はありません。

現在は60歳で定年退職した後、待遇の変化はあるものの、再雇用で65歳まで働くことはできます。

年金支給年齢の引き上げに伴い、再雇用で働くことのできる年齢も延長されるかもしれませんが、今後高齢者がどんどん増えていったときに、再雇用制度がどうなるのか、たとえ雇用はあったとしても、働き続けられるだけの体力があるかどうかはわかりません。

将来、「働く場もなく、年金も出ない」期間が発生したり、身体的な理由などにより、働けなくなったりする可能性は、誰にでもあります。

その「無収入期間」を乗り越えるためには、現役のうちに、ある程度準備をしておく必要があるのです。

では、結局どのくらいの金額を用意すればいいのか。

まず必要なのは、「無収入期間」を乗り切るための、5〜10年分の生活費です。**「年間300万円が必要」という人なら1500〜3000万円、「400万円はかかる」という人なら2000〜4000万円は準備**しておきましょう。

ただ、その後の人生についても、できるだけ年金をあてにせずに生きていけるだけのお金は、やはりあった方がいいでしょう。

具体的に、どのようにしてこの資金をつくるかについては、次ページ以降で詳しくお話しします。

POINT!

いずれ、公的年金の受給額は確実に減り、受給開始年齢は上がる。何が起こっても動じないよう、できれば5〜10年分の生活費を。

定年前にするべきことは、
「お金が働く仕組み」を
つくること

「老後に備えて、どのくらいのお金が必要か」という話になると、ほとんどの人が、「65歳までに、その全額を用意しなければ」との思いを抱くようです。

たしかに、何千万円ものお金をつくるのは、容易なことではありません。「現役で働いている間に用意しなければ」という気持ちになるのも、わかります。

そして中には「自分はもう50歳なのに、貯蓄ゼロで、資産らしい資産もない。今から老後の資金をつくるなんて無理だ」とおっしゃる方もいます。

金融広報中央委員会が2016年に、全国7808世帯（2名以上）を対象に行った「家計の金融行動に関する世論調査」によると、**世帯主が50歳代で金融資産を持っていない世帯は29・5%、3割弱**に及びます。

同様の悩みを持っている人は、少なくないはずです。

ただ、この「65歳までに全額を用意しなければ」「とにかく現役時代にお金を貯め、定年退職後は、それを切り崩して生きていくしかない」という発想、実はただの思い込みにすぎません。

老後の資金を、65歳までに全額用意する必要はありません。

65歳までに用意するべきなのは、「老後、お金に勝手に働いてもらうための仕組み」です。

そしてそのための手段としてもっとも適しているのが、投資信託の運用なのです。

たとえば50歳から月々10万円ずつ、都市銀行で積み立て預金を始めた場合、今は金利がほとんどつかないため、65歳になったとき手にする資産は、約1801万円（元本は1800万円）にしかなりません。

ところが、世界全体に分散投資できる投資信託を、つみたてNISAなどを使いつつ、月々10万円ずつ積み立てで購入し、年平均3％の利回りで運用できたとすると、65歳までに2275万44円の資産をつくることができます。

それでも「無収入期間」後の人生を生きるには足りない、と思われるかもしれませんが、ここで私がおすすめしたいのは、「65歳をゴールにしない」やり方です。

54ページに書いたように、2275万円44円あれば、月15万円ずつ引き出しながら残りを運用すれば、16年近くは残高を維持することができます。

「セゾン・バンガード・グローバルバランスファンド」の**10年間の年平均利回りは3・1%**（直近1年間だと19・27%）、「セゾン資産形成の達人ファンド」の**10年間の年平均利回りは7・1%**（直近1年間だと19・16%）であり、つみたてNISAで運用できるほかの独立系の投資信託委託会社のアクティブファンドの中にも、現時点で、年平均3%以上の利回りで運用されている商品がいくつかあります。

利回りが大きければ、その分資産形成のスピードも上がりますし、お金も長く「もつ」ようになります。

ちなみに、2017年に厚生労働省が発表した日本人の平均寿命は、男性が80・98

歳、女性が87・14歳でした。

平均寿命は、ほぼ年々伸び続けていますから、80歳を超えても生き続ける可能性は、誰にでもあります。

それだけの歳月を不自由なく暮らすうえで**十分な資産をつくろうと思ったら、とても預金だけでは追いつきません。**

投資信託の運用によって、「自分が働けなくても、生きている間、お金が勝手に働いて、お金を増やしてくれる」仕組みをつくるしかないのです。


なお、**「65歳を投資のゴールにせず、自分がこの世を去るときまで運用を続ける」**というやり方には、ほかにもメリットがあります。

投資信託を一度に解約してしまうと、タイミングによっては損をする可能性もあります。

しかし、積み立て投資で買うタイミングを分散させれば、「買い値」を気にする必要がないように、部分的な売却で売るタイミングを分散させれば、「売り値」を気にする必要もありません。

もしこの世を去るときに、まだ資産が残っていたなら、家族や子ども、あるいはしかるべき団体に寄付して、引き継いでもらえばいいだけです。

世界が続く限り、永遠に運用され続ける。

それこそが真の、理想的な「長期投資」のあり方だと、私は思います。

POINT!

定年前に、老後に必要なお金をすべて用意する必要はない。投資信託を運用し、少しずつお金を引き出しながら、お金を増やす。

「退職金プラン」「退職金でローン返済」には要注意！

会社員の方にとって、退職金をどのように活かすかは、老後の資産をつくるうえで、非常に重要です。

ここでは、退職金の有効な使い方や、退職金で絶対にやってはいけないことなどをお伝えしたいと思います。

まず、退職金の受け取り方には「一時金方式」と「年金方式」の2通りがあります。年金方式の方が総額は多くなりますが、できるだけ一時金方式で受け取るようにしてください。

変化が激しい今の時代、数年先に何が起こるかわかりません。もらえるものは、早めにもらっておいた方がよいでしょう。

さて、**一時金でまとまったお金を手にしたら、どうするか。**

すでにお話ししたように、私としては、それを老後のための原資に加え、投資信託の運用に回すことをおすすめします。

65歳までに蓄えたお金に、まとまった額の退職金を加え、少しずつ引き出しながら運用を続ければ、かなり余裕をもって、その後の人生を送ることができるはずです。

ただ、この場合も、投資のタイミングを分散させるため、できるだけ積み立てで商品を買うようにしましょう。

100万円ずつ、10回や20回に分けて買う、といった形でかまいません。

なお、商品の選択はくれぐれも慎重に行ってください。

特に、金融機関のすすめる投資信託には注意が必要です。

いや、投資信託だけではありません。

退職金を一時金で受け取り、口座に多額の入金があると、ほぼ確実に、銀行の担当者が「退職金プラン」をすすめてきますが、注意が必要です。

退職金プランとは、退職金のうち、約半分を特別金利が適用される外貨預金に預け、残りの半分を投資信託の運用にまわしたり、ラップ口座に預けたりする、というもので、「年5%以上」という、今の時代にしては法外な金利がつく設定になっているのですが、そこにはからくりがあります。

まず、この利率が1年間ずっと適用されるならいいのですが、特別金利の適用期間はせいぜい3か月程度です。

年に換算《かんざん》すると5%の利率でも、その利率で受け取れる金利は4分の1しかありませんから、実際には1・25%にしかならないのです。

しかも投資信託やラップ口座がセットになっている点が重要です。

ラップ口座というのは、**「まとまったお金の運用を金融機関に一任する」というものですが、当然、余計に手数料がかかります。**

たとえば退職金が1000万円だったとして、半分の500万円に実質1・25%の定期預金の金利がつくかわりに、500万円分の投資信託の購入時手数料やラップ口座の管理手数料（いずれも2％程度）をとられたら、結局はマイナスになってしまうのです。

なお最近では、退職金を手にした人が賃貸不動産投資をすすめられることも増えているようですが、Part4でお話ししたように、もちろん手を出してはいけません。

また、特に真面目な人ほど、**退職金が入ると、つい「この機会に、住宅ローンを一括返済してしまおう」と思ってしまうようですが、それもおすすめしません。**

というのも、今のような超低金利の状態の後には、インフレが起こる可能性が高いからです。

少なくとも政府や日銀は、将来的にインフレを起こすために、現在のマイナス金利政策をとっています。

インフレが起こると、物価が上がり、通貨の価値が下がるため、預金してあるお金の資産価値は目減りしますが、借金の負担は軽くなります。

さらに現在は、長期金利でさえマイナス金利が定着しています。

住宅ローンを長期の固定金利で借り換えるなら、今が絶好のチャンスなのです。

ついでにお話しすると、万が一、ローンの返済途中に、住宅ローンの借主である夫が亡くなった場合には、団体信用生命保険が下りるため、それ以降の住宅ローンの返済は免除されます。


このように、まとまったお金が入ったからといって、あわててローンを返済する必要はありません。

その分を投資に回し、その後の生活資金を増やすようにしましょう。


POINT!

金融機関の「退職金プラン」は、手数料が高くメリットが少ない。また、退職金でローンを返してしまうと、かえって損をしやすい。

「iDeCo」を活用し、節税しながら老後資金をつくる

老後の資産をつくるうえで、ぜひみなさんに活用していただきたいのが、個人型確定拠出《きょしゅつ》年金（iDeCo、イデコ）です。

iDeCoは、簡単にいうと、「現役のうちに、自分のための年金をつくっておく制度」であり、**「加入者が月々の掛金を積み立て、あらかじめ用意された金融商品を運用して、60歳以降に年金または一時金で受け取る」**というものです。

日本の年金制度は、「3階建て構造」になっています。

1階は、国民全員が加入している基礎年金、2階が厚生年金、3階が企業年金や確定拠出年金などです。

かつて、3階部分を主に担っていたのは、企業年金でした。

企業年金とは、企業が「将来、年金として、月々これだけの額を払います」と約束したうえで、社員から掛け金を集めて運用し、得られた利益を含めて、年金として支給するというものです。

ところが、不況などにより、会社自体がなくなったり、運用がうまくいかず、会社がその穴埋めをしなければならなかったり、といったことがたびたび起こるようになり、企業年金制度をやめてしまう会社が続出しました。

そこで**救済措置《そち》として生まれたのが、確定拠出年金**です。

確定拠出年金は、会社や本人が掛け金を拠出（積み立て）し、本人が運用するというもので、運用の成績次第で、将来受け取る額が変わってきます。

確定拠出年金には、会社が社員のかわりに掛け金を拠出する「企業型」と、社員本人が掛け金を拠出する「個人型」があります。

このうち個人型に加入できるのは、最初は自営業の人や、企業年金がない会社員に限られていたのですが、**２０１７年から制度が大幅に拡充され、専業主婦や公務員、企業年金がある会社員も利用する**ことができるようになりました。

ｉＤｅＣｏが素晴らしいのは、税制面でさまざまな優遇措置が取られている点です。

まず、課税所得から、ｉＤｅＣｏに拠出した金額を、まるごと控除できます。

ｉＤｅＣｏの月々の掛け金は５０００円以上１０００円単位で、上限は公務員なら1万２０００円、企業年金のない会社員や専業主婦（夫）なら2万３０００円、といった具合に決まっているのですが、自営業者の場合は6万８０００円まで掛けることができます。

年間最大81万６０００円が所得から控除できるわけですから、自営業者の人にとっての節税メリットは、かなり大きいのではないでしょうか。

しかも、掛け金は年1回まで変更でき、拠出の休止や再開も可能なため、その年の収入に応じて調整することもできます。

そして、ｉＤｅＣｏで運用した金融商品が値上がりしても、その利益に対し、税金はかかりません。

通常は値上がり益が発生した場合、約20％の税金がかかりますから、これもかなりメリットが大きいといえます。

さらに、ｉＤｅＣｏで運用した資産を年金として受け取るときには「公的年金等控除」の、一時金として受け取るときには「退職所得控除」の対象となります。

このように**ｉＤｅＣｏは、税制優遇のオンパレード**です。

つみたてＮＩＳＡと違って、ｉＤｅＣｏはあくまでも「年金をつくるため」の制度であり、60歳になるまで引き出すことはできませんが、老後のための資産を効率よくつくるには、もっとも適した制度の一つだといえます。

ぜひつみたてＮＩＳＡと並行して、利用してみてください。

ちなみに、ｉＤｅＣｏを利用するには、銀行や証券会社などの「運営管理機関」への申し込みが必要です。

会社によって、扱っている商品も管理コストも異なりますから、よく吟味したうえで、運営管理機関を決めるようにしましょう。

ネット証券であれば、楽天証券とＳＢＩ証券が、特にｉＤｅＣｏに一生懸命取り組んでおり、日本で最安値のコストで運営し、商品の品ぞろえが豊富なため、おすすめです。

もちろん、運用する商品の選択も重要です。

私としてはやはり、国際分散投資のできる投資信託をおすすめします。

POINT!

老後の資金をつくるうえで、「ｉＤｅＣｏ」は力強い味方。できれば、つみたてＮＩＳＡと並行して利用しよう。

おわりに

この本ではみなさんに、「今後20年間、もっとも効率よく資産をつくる方法」をお伝えしてきました。

２０１８年1月からスタートする「つみたてＮＩＳＡ」を利用して、アクティブファンドを、できれば年40万円分ずつ（毎月定額積立なら、約3万3千円ずつ、あるいは一年のうち、10か月は3万円ずつ、2か月は5万円ずつ）積み立てで購入し、長期運用する。

それが、私がおすすめする方法です。

つみたてＮＩＳＡで、投資信託を運用して得られた利益には、税金がかかりません。

仮に20年かけて３００万円の利益を手にした場合、本来なら60万円分が税金として徴収されますが、それが免除されるのです。

なお、厳しい条件をクリアし、つみたてＮＩＳＡの運用商品に選ばれたアクティブファンドは、２０１７年11月29日時点で15本あり、その内容は日本株を集めたもの、米国や欧州など、特定の地域の株を集めたものなど、さまざまです。

何に注目しどの商品を選ぶかはみなさん次第ですが、「世界全体に資産を分散させ、世界経済の長期的な安定成長軌道にお金を乗せ、ゆっくり長期で育てていく投資方法が、大多数の日本の生活者にとって、もっとも合理的な行動である」というのが、私の持論です。

そして僭越《せんえつ》ながら、セゾン投信はその概念《がいねん》を一貫して実践し、これまでに13万人のお客さまの支持をいただいてまいりました。

日本では、投資信託は「あまり信用できない」「最終的には損をしそう」といった、ネガティブなイメージを持たれがちです。

しかし、良質な投資信託を積み立てで購入し長期運用すれば、まとまった資金がなく、投資に関する詳しい知識がない人でも、手軽に気楽に資産を大きく育てることができますし、必要に応じて部分的に現金化しながら、残りを運用し続けることも可能です。

実は、投資信託を購入することは、銀行に預金をすることと、あまり変わらないのです。

しかも今の時代、預金よりもはるかに効率よく運用でき、つみたてＮＩＳＡであれば、どんなに利益が出ても、税金がかかりません。

利用しない手はないのです。

先行きが不透明で公的年金もあてにできず、将来に必要なお金は、自分で用意しなければならない、この時代。

みなさんが「本当の投資」の面白さを知り、無理なく資産をつくり、豊かな人生を送られることを、私は心から願っています。

中野晴啓

本書でご紹介した
つみたてNISA対象商品についてのお問い合わせ先

セゾン・バンガード・グローバルバランスファンド セゾン資産形成の達人ファンド セゾン投信株式会社	03-3988-8668
世界経済インデックスファンド 三井住友トラストアセット・マネジメント	0120-668001
ひふみ投信 レオス・キャピタルワークス	03-6266-0123
コモンズ30ファンド コモンズ投信株式会社	03-3221-8730
結い2101 鎌倉投信株式会社	050-3536-3300

本書は特定の金融商品の推奨や投資勧誘を意図するものではありません。最終的な投資の判断は、最新の情報を確認し、ご自身の判断と責任で行ってください。

はじめての人が投資信託で成功するたった一つの方法

発行日　2017年12月24日　第1刷

著者　中野晴啓

本書プロジェクトチーム
企画・編集統括　柿内尚文
編集担当　栗田亘
デザイン　小口翔平＋山之口正和（tobufune）
編集協力　村本篤信
校正　荒井順子
DTP　廣瀬梨江
営業統括　丸山敏生
営業担当　増尾友裕、甲斐萌里
プロモーション　山田美恵、浦野稚加
営業　熊切絵理、石井耕平、戸田友里恵、大原桂子、網脇愛、川西花苗、寺内未来子、櫻井恵子、吉村寿美子、田邊曜子、矢橋寛子、大村かおり、高垣真美、高垣知子、柏原由美、菊山清佳

編集　小林英史、舘瑞恵、辺土名悟、中村悟志、村上芳子、加藤紳一郎、及川和彦、堀田孝之
編集総務　千田真由、髙山紗耶子、高橋美幸
講演・マネジメント事業　斎藤和佳、高間裕子
メディア開発　池田剛
マネジメント　坂下毅
発行人　高橋克佳

発行所　株式会社アスコム

〒105-0003
東京都港区西新橋2-23-1　3東洋海事ビル
編集部　TEL：03-5425-6627
営業部　TEL：03-5425-6626　FAX：03-5425-6770

印刷・製本　中央精版印刷株式会社

Printed in Japan ISBN 978-4-7762-0973-7

「はじめての人が
投資信託で成功する
たった一つの方法」

の電子版がスマホ、タブレット
などで読めます！

本書を購入いただいた方はもれなく、本書の電子版がスマホ、タブレット、パソコンで読むことができます。

アクセス方法はこちら！

下記のQRコード、もしくは下記のアドレスからアクセスし、会員登録の上、案内されたパスワードを所定の欄に入力してください。
アクセスしたサイトでパスワードが認証されますと電子版を読むことができます。

https://ascom-inc.com/b/09737

※通信環境や機種によってアクセスに時間がかかる、もしくはアクセスできない場合がございます。
※接続の際の通信費はお客様のご負担となります。